W0026298

zdf_neo

DAS KOCHBUCH FÜR ECHTE KERLE

Umschau

FRANK BUCHHOLZ, CHAKALL, TARIK ROSE

DAS KOCHBUCH FÜR ECHTE KERLE

Umschau

TOUGH GUYS DON'T DANCE. THEY COOK!

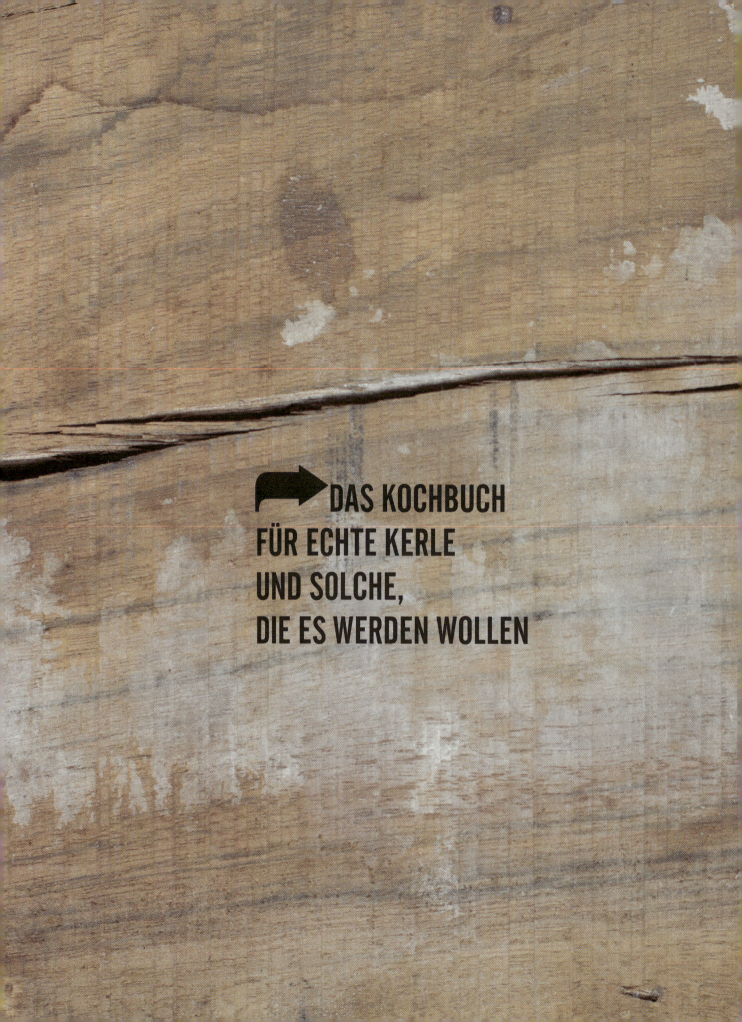

DAS KOCHBUCH
FÜR ECHTE KERLE
UND SOLCHE,
DIE ES WERDEN WOLLEN

INHALT

CHAKALL,
DER FREIGEIST.

FRANK BUCHHOLZ,
DER BODENSTÄNDIGE.

TARIK ROSE,
DER NATURBURSCHE.

➡ BEEF BUDDIES

**TURBAN STATT KOCHMÜTZE,
OFFENES FEUER STATT INDUKTIONSHERD,
TASCHENMESSER STATT
SCHNEIDEMASCHINE
UND DAS FEELING VON FREIHEIT
UND ABENTEUER.**

WENN SICH FRANK BUCHHOLZ, CHAKALL UND TARIK ROSE
ANS KOCHEN MACHEN, GEHT ES ZUR SACHE.
RAU ABER HERZLICH, UNKONVENTIONELL UND SPANNEND.
DREI UNTERSCHIEDLICHE TYPEN MIT ECKEN UND KANTEN,
DIE EINES VERBINDET:

DIE LUST AUF FLEISCH. MÄNNERSACHE EBEN, KLARE ANSAGE.

Fernab vom Hightech der Profiküchen sind Chakall, Frank und Tarik für die erfolgreiche zdf_neo-Serie „Beef Buddies" quer durch die Republik unterwegs, um ihr Essen selbst zu jagen und zu sammeln. Mal kämpfen sie für die Krabbenvorspeise gegen die tosende Nordsee – und gewinnen! Mal legen sie sich im dunklen Wald auf die Lauer nach dem perfekten Wildschwein – mit Erfolg! Oder sie treiben in John-Wayne-Manier eine Büffelherde tagelang über die Weiten der Schwäbischen Alb. Am Ende lockt das saftige Steak am Lagerfeuer und der Kaffee aus der verbeulten Blechtasse.

DENN KOCHEN IST SCHLIESSLICH KEIN PONYHOF...

...sondern für echte Kerle mehr als nur die Zubereitung von Speisen nach Rezept. Es ist die ritualisierte Reminiszenz an die erste handwerkliche Kunst des Menschen, ein ausladend kreativer Akt der Schöpfung, der Triumph der feinen Sinne über das Rohe. Aber Kreativität braucht ausreichend Platz, ist nichts für Erbsenzähler und Menschen, die eine Grammwaage verinnerlicht haben. Wenn echte Kerle kochen, sind Teelöffelportionen, abgezählte Salzkörner und das Beträufeln mit der Pipette der Feind jedweden ungehemmten Genusses. Männer packen lieber mit ihren von harter, ehrlicher Arbeit gestählten Pranken ungeniert in den Gewürztopf und lassen es großzügig aus der Olivenölflasche laufen. Hauptsache, es schmeckt am Ende. **THINK BIG!**

FRANK BUCHHOLZ

DER STERNEKOCH IST EIN KIND DES RUHRGEBIETS, HAT SEINE KOCHLEHRE

IN CASTROP-RAUXEL ABSOLVIERT, KENNT DIE SPITZENGASTRONOMIE

IN- UND AUSWENDIG, HAT AN DER SEITE DER BESTEN DEUTSCHEN KÖCHE

GEARBEITET UND SICH EINEN STERN ERKOCHT, IST IN UNZÄHLIGEN KOCHSHOWS

AUFGETRETEN, HAT ERFOLGREICHE KOCHBÜCHER GESCHRIEBEN UND

WURDE 1998 ALS „INNOVATIVSTER KOCH DES JAHRES" AUSGEZEICHNET.

ER HAT DAS HERZ AM RECHTEN FLECK UND BRINGT DIE DINGE

OHNE UMSCHWEIFE DIREKT AUF DEN PUNKT.

GENAU SO KOCHT FRANK BUCHHOLZ AUCH, SCHNÖRKELLOS UND OHNE BLENDWERK,

GERADLINIG UND PRÄZISE. ERLEBEN KANN MAN DAS IN MAINZ-GONSENHEIM,

WO ER SEIN RESTAURANT „BUCHHOLZ" UND EINE KOCHSCHULE BETREIBT,

ODER AM MAINZER RHEINUFER IM „BOOTSHAUS", DAS DER UMTRIEBIGE

FRANK BUCHHOLZ MIT SEINER UNKOMPLIZIERTEN KÜCHE ZU EINEM HOT SPOT

DER LANDESHAUPTSTADT GEMACHT HAT.

CHAKALL

WER IST EIGENTLICH DER TYP MIT DEM TURBAN?
DAS IST SEÑOR EDUARDO ANDRÉS LOPEZ,
BESSER BEKANNT ALS CHAKALL. SO NENNEN IHN SEINE FREUNDE,
UND SO KENNT IHN DIE KOCHWELT.

DENN CHAKALL, GEBOREN IN TIGRE BEI BUENOS AIRES, IST VIEL
HERUMGEKOMMEN, HAT RUND 90 LÄNDER BEREIST, UM DEREN KÜCHE
KENNENZULERNEN, MODERIERT TV-KOCHSHOWS IN PORTUGAL UND CHINA
HAT KOCHBÜCHER GESCHRIEBEN, BETREIBT IN LISSABON,
PORTO UND BERLIN RESTAURANTS UND VERANSTALTET LIVE-KOCHSHOWS.
EIN TAUSENDSASSA UND WELTENBUMMLER, DEN DIE NEUGIER NACH
FREMDEN GESCHMÄCKERN UM DEN GLOBUS GETRIEBEN HAT.

DABEI HAT EDUARDO ANDRÉS LOPEZ EIGENTLICH JOURNALISMUS STUDIERT,
BEI ARGENTINISCHEN TAGESZEITUNGEN GEARBEITET UND KRITIKEN
FÜR DAS RENOMMIERTE MUSIKMAGAZIN „ROLLING STONE" GESCHRIEBEN.
DOCH KOCHEN FAND ER AM ENDE SPANNENDER UND VIELSEITIGER.
LÄNGST IST DER TURBAN SEIN MARKENZEICHEN GEWORDEN UND
CHAKALL EIN UNKONVENTIONELLER KOCH, DER SEINE KREATIVITÄT
AM LIEBSTEN IN TÖPFEN UND PFANNEN UMSETZT. HAUPTSACHE FLEISCH IST DABEI,
EIN SAFTIGES STEAK GEHÖRT FÜR DEN „GAUCHO" SCHON ZUM FRÜHSTÜCK.
DA IST CHAKALL GANZ ARGENTINIER.

TARIK ROSE

WER IN KIEL GEBOREN WIRD, MUSS NICHT UNBEDINGT FIETE ODER JAN HEISSEN.

TARIK JEDENFALLS IST TROTZ SEINES ARABISCHEN VORNAMENS

EIN WASCHECHTER NORDDEUTSCHER UND HAT AUCH SEINE KOCHAUSBILDUNG

IN SEINER HEIMATSTADT KIEL ABSOLVIERT.

SEINE PASSION FÜRS KOCHEN ENTDECKTE TARIK SCHON ALS KLEINER JUNGE,

STAND GERNE AM HERD UND BRUTZELTE MIT LEIDENSCHAFT FÜR DIE GANZE FAMILIE.

WAT MUT, DAT MUT – TARIKS KOCHKARRIERE WAR NICHT MEHR AUFZUHALTEN.

DAS SPÄRLICHE GEHALT ALS KOCHLEHRLING BESSERTE ER ALS PIZZABÄCKER

UND TELLERWÄSCHER AUF, EIN KLASSIKER UNTER DEN ERFOLGREICHEN DER WELT.

HEUTE IST TARIK ROSE KÜCHENCHEF IM HAMBURGER RESTAURANT „ENGEL",

KOCHT AM LIEBSTEN SCHNÖRKELLOS, EIN BISSCHEN REGIONAL, EIN WENIG

FRANZÖSISCH INSPIRIERT, IMMER MIT DEM RICHTIGEN HÄNDCHEN FÜR GEWÜRZE

UND ZUTATEN. DOCH ES GIBT NOCH EINE ANDERE SEITE DES KIELER JUNG.

DAS IST TARIK, DIE SPORTSKANONE. ALS FAN FIEBERT ER MIT DEN

SAN FRANCISCO 49ERS, ALS SPIELER WAR ER IN DER ERSTEN MANNSCHAFT

DER KIEL BALTIC HURRICANES AKTIV. ER STEMMT GEWICHTE UND TRAINIERT

FÜR EINEN TRIATHLON – SO SUCHT DER STURMERPROBTE SPITZENKOCH

AUS DEM NORDEN SEINE HERAUSFORDERUNG AUSSERHALB DER KÜCHE.

FRÜH-
STÜCK

DER
WELTMEISTERLICHE
START
IN DEN
TAG

WELTMEISTERFRÜHSTÜCK
À LA CHAKALL

1 Banane
2 Eier
300 g Joghurt (1,5% Fett)
2 EL Nüsse
50 g Beeren-Mischung
Haferflocken

ZUBEREITUNG:

Alle Zutaten fein pürieren.

ANRICHTEN:

Den Drink in einem Glas anrichten.

BEI UNS IN ARGENTINIEN GIBT ES ZU JEDER MAHLZEIT FLEISCH.
DAHER EMPFEHLE ICH EIN STEAK ZU DIESEM DRINK (SIEHE SEITE 25).
EINFACH MAL PROBIEREN!

DÄÄN
DÄRÄÄN
DÄRÄÄN
DÄRÄÄN
"BOHNANZA"

COWBOY-CHILI
À LA TARIK ROSE

1–2 große Zwiebeln
1–2 kleine Dosen ganze Tomaten
Olivenöl zum Anbraten
200 g Räucherspeck, gewürfelt
Paprikapulver
500 g Wachtelbohnen oder Kidney-Bohnen, gekocht
1 EL brauner Zucker
2 TL Senf
1 EL Chilipulver
1 TL Salz

1–2 grüne Chilischoten, in Streifen geschnitten
(oder getrocknete Chilischoten bzw. Tabasco nach Geschmack)

ZUBEREITUNG:

Die Zwiebeln schälen und fein hacken. Die Dosentomaten vom Saft trennen,
den Saft beiseitestellen und die Tomaten klein schneiden.
In einer Pfanne das Olivenöl erhitzen. Den Speck hineingeben und knusprig anbraten,
dann die Zwiebeln dazugeben und alles mit dem Paprikapulver würzen.
Zuerst den Saft der Tomaten zu Zwiebeln und Speck geben und einkochen lassen.
Danach die Tomatenstücke und die Bohnen in die Pfanne geben
und mit einer Prise braunem Zucker und Senf würzen.
Mit Chilipulver und Salz abschmecken.

ANRICHTEN:

Das Chili in tiefen Tellern anrichten.
Je nach Schärfebelieben die Chilischoten
in feine Streifen schneiden
und darüberstreuen.

NIX

FÜR WEICHEIER!

FRÜHSTÜCKSSTEAK
À LA CHAKALL

500 g Entrecôte
(Steak aus dem Zwischenrippenstück des Rindes)
grobes Meersalz
Baguette
2–3 Tomaten
Olivenöl
frischer Oregano

ZUBEREITUNG:

Jedes Steak insgesamt 7 Minuten in der Pfanne
von beiden Seiten zunächst scharf,
dann bei reduzierter Hitze anbraten.
Zwischendurch ein vorgeheiztes Plattier-Eisen auf das Steak legen,
damit es schneller von beiden Seiten gleichzeitig gart.
Sehr dicke Steaks anschließend in der Mitte durchschneiden
und nochmals kurz den Mittelteil in der Pfanne anbraten,
sodass das Fleisch von innen zart rosa ist.

ANRICHTEN:

Dazu reicht man Baguette-Brot in Scheiben
und Tomaten mit etwas Olivenöl, Oregano und Salz.

FRÜHSTÜCKS-SPIEGELEI
À LA FRANK BUCHHOLZ

FÜR

1
PORTION

Butter
2 Eier
Petersilie
Salzflocken
Rote-Bete-Granulat

ZUBEREITUNG:

Die Butter in eine heiße Pfanne geben. Die Eier vorsichtig aufschlagen
und erst das Eiweiß, dann das Eigelb vorsichtig in die Pfanne gleiten lassen.
Die Eier in der zerlassenen Butter bei mittlerer Hitze braten
(Achtung: Bei zu großer Hitze verbrennen die Ränder des Spiegeleis).
Wenn das Spiegelei rundum gestockt ist, ist es fertig.

ANRICHTEN:

Das Spiegelei mit gehackter Petersilie,
Salzflocken und Rote-Bete-Granulat bestreuen.

EINFACH IN DIE PFANNE HAUEN

FRÜHSTÜCKS-OMELETT

À LA TARIK ROSE

---

3 Eier
Petersilie
Butter
Speck
Salz
Pfeffer aus der Mühle

ZUBEREITUNG:

Die Eier in einer Schüssel aufschlagen und salzen.
Die Petersilie waschen, grob hacken und mit der Eimasse leicht verquirlen.
In einer Pfanne etwas Butter erhitzen und zuerst den Speck bei mittlerer Hitze darin kross anbraten.
Anschließend die Eiermischung in die Pfanne geben.
Die Pfanne kurz schwenken, bis der Boden mit Eiermischung ausgefüllt ist,
dann die Eiermasse stocken lassen.

ANRICHTEN:

Das Omelett auf einen Teller gleiten lassen
und nach Belieben mit Pfeffer würzen.

FRÜHSTÜCKS-RÜHREI
À LA CHAKALL

3 Eier
1 Zwiebel
Olivenöl
Trockenfleisch (Bündnerfleisch)
frische rote Chilischote, grob gehackt
➡ **JE GRÖSSER DIE STÜCKE DESTO HÄRTER DER KERL!**
frische glatte Petersilie
grobes Salz
Pfeffer aus der Mühle

ZUBEREITUNG:

Die Eier in eine Schüssel schlagen, verrühren und mit Salz und Pfeffer (nach Gefühl) würzen.
Die Zwiebel schälen, klein hacken und in einer heißen Pfanne in Olivenöl andünsten.
Das Trockenfleisch in Streifen schneiden und die Chilis grob hacken.
Fleisch und Chilis zu den Zwiebeln geben. Schließlich die Eimasse darübergießen,
stocken lassen und danach leicht verrühren.

ANRICHTEN:

Rührei auf einen Teller geben und mit frischer Petersilie
und frischem Pfeffer aus der Mühle verfeinern.

MOIN

MOIN

KUTTER-FRÜHSTÜCK

Pulpo mit Garnelen

À LA TARIK ROSE

Pulpo: 1 Pulpo.................500 ml Weißwein.................Suppengemüse.................Knoblauch.................
Rotweinessig.................frische Kräuter.................Salz.................Pfeffer

Limetten-Chili-Mayonnaise: 1–2 Eigelb von frischen Eiern.................etwas Senf.................
100 ml Olivenöl.................Saft und Abrieb von 1 unbehandelten Limette.................1 Peperoni oder
Chili.................Knoblauch nach Geschmack.................1 TL brauner Zucker.................Meersalz

8 Garnelen.................Olivenöl

Tomatensalsa: Tomaten.................Essig.................Öl.................Salz.................Pfeffer.................Kräuter

Zum Anrichten: Käse-Crostini (siehe Seite 227)

ZUBEREITUNG:

Pulpo:
Den Pulpo zusammen mit Weißwein, Suppengemüse, Knoblauch, Rotweinessig, frischen Kräutern, Salz und Pfeffer in einen Topf geben. Mit Wasser auffüllen, bis er bedeckt ist, aufkochen lassen und bei geringer Hitze ca. 1 Stunde köcheln lassen. Immer wieder so viel Wasser auffüllen, dass der Pulpo bedeckt ist. Falls der Pulpo im Topf nach oben drückt, kann man ihn mit einem kleineren Topf beschweren. Um zu testen, ob der Pulpo gar ist, mit einer scharfen Messerspitze in die dickste Stelle stechen. Das Fleisch sollte weich sein, aber nicht zerfallen.

Limetten-Chili-Mayonnaise:
Die Eigelbe mit dem Senf vermengen und langsam etwas Öl hinzugeben. Danach den Limettensaft und etwas Limettenabrieb hinzufügen. Das restliche Öl langsam unter ständigem Rühren dazugeben. Chili und Knoblauch fein hacken und dazugeben. Mit braunem Zucker und Meersalz abschmecken.

Etwas Olivenöl in einer großen Pfanne erhitzen und den Pulpo mit den Garnelen anbraten. Knoblauchzehen hinzugeben.

Für die Tomatensalsa die Tomaten fein würfeln und mit Essig, Öl, Salz, Pfeffer und Kräutern abschmecken.

ANRICHTEN:

Das geröstete Brot mit der Mayo bestreichen, Pulpo und die Garnelen darauf anrichten. Mit Rucola belegen und zum Schluss die Tomatensalsa daraufgeben.

SNACKS

PICCATA VON AUBERGINEN
mit Ratatouille-Sauce und Rucola
À LA FRANK BUCHHOLZ

Auberginen-Piccata:
12 Auberginenscheiben, jeweils ca. 1 cm dick
etwas Mehl
Olivenöl
3 Eier
100 g Parmesan, fein gerieben
Salz und Pfeffer

Ratatouille-Sauce:
50 g Schalotten, fein gewürfelt
1 Knoblauchzehe, fein gewürfelt
Olivenöl
100 g gelbe Paprika, gewürfelt
100 g grüne Zucchini, gewürfelt
150 ml Tomatensaft
10 ml Estragonessig
50 g Tomaten, gewürfelt ohne Haut und Kerne
Salz und Pfeffer

50 g Rucola................Olivenöl................Meersalz und Pfeffer aus der Mühle

ZUBEREITUNG:

Auberginen-Piccata:
Die Auberginenscheiben salzen und 10 Minuten ziehen lassen, dann in Mehl wenden.
Eine Pfanne mit Olivenöl erhitzen. Die Eier verquirlen und mit dem Parmesan verrühren, die Auberginenscheiben
durch die Eier-Parmesan-Masse ziehen und direkt in die Pfanne mit dem heißen Olivenöl geben.
Von beiden Seiten goldbraun braten und mit Pfeffer würzen.

Ratatouille-Sauce:
Schalotten und Knoblauch in einem Topf in Olivenöl anschwitzen. Paprika und Zucchini zugeben und kurz mitbraten.
Mit dem Tomatensaft und dem Estragonessig ablöschen und um die Hälfte einkochen lassen.
Zuletzt die Tomatenwürfel zugeben und mit Salz und Pfeffer abschmecken.

ANRICHTEN:

Je drei Scheiben Auberginen-Piccata auf Tellern verteilen und die Ratatouille-Sauce angießen.
Mit Rucola bestreuen und etwas Olivenöl darübergeben.

WIE

BEI

MUTTERN

STULLE
À LA TARIK ROSE

2 Scheiben Bauernbrot
Butter zum Bestreichen
Radieschen
rote Zwiebel
Schinken, fein aufgeschnitten
Salatblätter
Petersilie

Dressing:
1 EL Senf
½ EL Meerrettich
1 Eigelb
1 EL Honig
4 EL Olivenöl
1 EL milder Essig

ZUBEREITUNG:

Für eine Stulle jeweils zwei Scheiben Brot mit Butter bestreichen. Die Radieschen in
feine Scheiben, die rote Zwiebel in Ringe schneiden.
Eine Brotscheibe mit dem Schinken, einem Salatblatt, Petersilie,
Radieschen und Zwiebelringen belegen.

Dressing:
Den Senf mit Meerrettich, Eigelb, Honig, Olivenöl und Essig
in einem Mixer zu einem homogenen Dressing mixen.

ANRICHTEN:

Auf die belegten Brotscheiben etwas von dem Dressing geben
und die Stulle zuklappen! Fertig!

Schweinegeile

WURST

Brot mit

WURST VOM SCHWARZEN SCHWEIN

und Sardellen

À LA CHAKALL

---

1 Chouriço porco preto
(Wurst vom schwarzen Schwein)
Sardellen in Öl
1 rote Zwiebel
1 Tomate
Koriander
Brot

ZUBEREITUNG:

Die rote Zwiebel schälen und klein hacken.
Die Tomate in Scheiben schneiden. Zwiebeln und Tomaten
miteinander vermengen und mit Koriander würzen.
Das Brot und die Wurst in Scheiben schneiden.

ANRICHTEN:

Auf eine Brotscheibe zuerst die Zwiebel-Tomaten-Mischung geben,
darauf die Wurstscheiben verteilen und mit Sardellen verfeinern.

BODENSTÄNDIG!

EINFACH!

GUT!

NEUE KARTOFFELN
mit Kräuterquark und Gartenkresse
À LA FRANK BUCHHOLZ

---

400 g Kartoffeln (Annabelle)
1 TL Kümmel
je 20 g Petersilie, Schnittlauch, Kerbel, Estragon (frisch)
200 g Quark
50 g Sauerrahm
20 ml Olivenöl
80 g Gartenkresse
Meersalz und Pfeffer aus der Mühle

ZUBEREITUNG:

Die Kartoffeln mit dem Kümmel in Salzwasser kochen.
Die Kräuter fein hacken. Den Quark mit dem Sauerrahm, Olivenöl und den Kräutern vermischen,
mit Meersalz und Pfeffer würzen.

ANRICHTEN:

Die Kartoffeln auf Teller geben und mit einer Gabel grob zerteilen.
Etwas Kräuterquark darüber verteilen und die Gartenkresse darüberstreuen.

SUSHI-SNACK VOM BISON
À LA TARIK ROSE

250 g Sushi-Reis
200 ml Reisessig
170 g Zucker
60 g Salz

Soja-Marinade:
100 ml Sojasauce
2–3 EL Honig
etwas Zitronensaft
Chili

ca. 500 g Rücken vom Bison
Nori-Algen-Blätter
Wasabi-Paste

rosa Champignons
Koriander
Sesam
eingelegter Ingwer

ZUBEREITUNG:

Den Sushi-Reis mit kaltem Wasser waschen, bis er klar ist. Mit ca. 250 ml kaltem Wasser in einen Reiskocher geben und darin nach Herstelleranweisung kochen. Aus dem Reisessig, Zucker und Salz einen Essigfond herstellen. Zwei Esslöffel vom Essigfond zum Reis geben und langsam verrühren. Den restlichen Fond für das nächste Mal aufbewahren.

Für die Soja-Marinade die Sojasauce mit dem Honig, Zitronensaft und etwas Chili verrühren.

Den Bisonrücken in dünne Scheiben schneiden und leicht plattieren. Das Fleisch mit zwei Dritteln der Soja-Marinade marinieren. Je ein Nori-Algen-Blatt auf eine Scheibe Fleisch legen. Die Nori-Alge mit etwas Wasser leicht befeuchten. Etwas Wasabi-Paste auf die Alge streichen. Den Reis auf den unteren zwei Dritteln der Alge locker verteilen, nicht zu fest andrücken. Das obere Drittel der Alge freilassen.

Die Champignons in feine Scheiben schneiden und anbraten, dann mit dem restlichen Drittel Sojamarinade ablöschen und mit Koriander würzen. Die Pilzmasse auf den Reis geben und anschließend mit dem Rollen beginnen. Die Rolle sollte fest, aber nicht zu fest sein.

In einer Pfanne etwas neutrales Öl erhitzen und die Rolle kurz anbraten. Anschließend bis zum Servieren fest in Klarsichtfolie einrollen.

ANRICHTEN:

Zum Anrichten die Rolle in 3–4 dicke Scheiben schneiden und mit Sojasauce, Wasabi, Sesam und eingelegtem Ingwer servieren.

TRAMEZZINI

mit Ziegenfrischkäse, Rucola und Parmaschinken

À LA FRANK BUCHHOLZ

---

200 g Ziegenfrischkäse
10 ml heller Balsamico-Essig
20 ml Olivenöl
6 Scheiben Tramezzini-Brot
50 g Rucola
150 g Parmaschinken, dünn aufgeschnitten
Meersalz und Pfeffer aus der Mühle

ZUBEREITUNG:

Den Ziegenfrischkäse mit Balsamico und Olivenöl vermischen,
mit Salz und Pfeffer würzen und die Creme auf die Tramezzini-Brotscheiben streichen.
Drei Brotscheiben mit Rucola und Parmaschinken belegen,
die restlichen drei Brotscheiben darauflegen

ANRICHTEN:

Die Brote diagonal in Dreiecke schneiden
und je zwei Dreiecke aufeinanderlegen.

RIND

HIER

GEHT ES

UM

DIE

WURST

ALHEIRA
IST EINE WURSTSPEZIALITÄT
AUS PORTUGAL, VERGLEICHBAR
MIT DER NORDDEUTSCHEN „PINKEL".
SIE BESTEHT Z.B. AUS RIND- ODER
SCHWEINEFLEISCH, ABER AUCH ANDEREN
FLEISCHSORTEN WIE KALBFLEISCH, ENTE,
HÄHNCHEN ODER HASE SOWIE AUS BROT.

ALHEIRA
(Portugiesische Roh-Rindswurst)

À LA CHAKALL

---

4 Alheiras.................4 Eier.................Saft von 1–2 Zitronen.................frischer Koriander

1 Handvoll Rucola zum Garnieren

ZUBEREITUNG:

Die Alheiras in der Pfanne braten oder auf dem Grill garen.
Daneben oder in einer eigenen Pfanne pro Alheira 1 Spiegelei braten.

ANRICHTEN:

Je eine Wurst auf einen Teller legen, das Spiegelei darauflegen,
mit etwas Zitronensaft würzen und mit Koriander verfeinern.
Mit Rucola garnieren.

AB
IN DEN
SÜDEN

BÜFFELBRIES MIT SAUCE PROVENÇAL

und Maisbrot

À LA CHAKALL

Büffelbries: kg Büffelbries.................Saft von 2 Zitronen.................ca. 100 ml Milch ....
Ei, Mehl und Semmelbrösel zum Panieren.................grobes Salz.................Pfeffer aus der Mühle

Sauce Provençal: 1 Knoblauchzehe.................1-2 EL Whisky.................4 EL Olivenöl.................1 rote Chili
Saft von 1 Zitrone.................grobes Salz

Brot: 2 Gläser Maismehl.................150 g Weizenmehl.................etwas Trockenhefe.................
100 ml Milch.................½ Glas Wasser.................Salz

Pfeffer aus der Mühle.................Rucola zum Servieren

VORBEREITUNG:

Das Maismehl mit dem Weizenmehl, Hefe und Salz in einer Rührschüssel vermischen. In die Mitte eine Mulde drücken und nach und nach Milch und ½ Glas Wasser hineingießen. Die Zutaten zu einem weichen, aber formbaren Teig verkneten.

Den Teig auf eine bemehlte Arbeitsfläche setzen und weitere 8-10 Minuten kneten, bis er fest und elastisch ist. Anschließend den Teig zu einer Kugel formen. Eine Schüssel mit Öl fetten, den Teig hineinlegen und darin wälzen. Abgedeckt an einem warmen Ort gehen lassen, bis er sich verdoppelt hat.

Den Teig wieder auf die bemehlte Arbeitsfläche geben und noch einmal einige Minuten kneten. Zu einem runden Laib formen und auf ein eingeöltes Backblech geben. Noch einmal gehen lassen, bis er sicht erneut verdoppelt hat.

ZUBEREITUNG:

Büffelbries:
Das Büffelbries waschen und 10 Minuten in dem Zitronensaft braten. Danach durch ein Sieb geben und das Büffelbries anschließend weitere 10 Minuten in Milch kochen. Das Büffelbries erneut durch ein Sieb geben, gut abtropfen lassen und in ½ cm dicke Scheiben schneiden. Ei mit einer Gabel verquirlen, mit Salz und Pfeffer würzen. Das Büffelbries zuerst in Mehl wenden, dann durch das Ei ziehen und zuletzt in Semmelbrösel wenden. Die Panade leicht andrücken.

Maisbrot:
Den Ofen auf 180°C vorheizen.
Das Maisbrot im Ofen ca. 40 Minuten backen, bis es hohl klingt, wenn man daraufklopft.

ANRICHTEN:

Das Maisbrot in Scheiben schneiden und mit Büffelbries und der Sauce Provençal bestreichen.

T-BONE-STEAK VOM ALBBÜFFEL
mit geschmortem grünem Spargel und Büffelmozzarella
À LA FRANK BUCHHOLZ

T-Bone-Steak:
2 T-Bone-Steaks vom Albbüffel à 700 g
4 Rosmarinzweige, fein geschnitten
4 Thymianzweige, fein geschnitten
4 Salbeizweige, fein geschnitten

Geschmorter grüner Spargel:
480 g grüner Spargel, geschält
etwas Zucker
abgeriebene Schale von 1 unbehandelten Orange
40 ml Olivenöl
120 g Büffelmozzarella, in 8 Scheiben geschnitten
1 getrocknete Chilischote, zerbröselt
100 g Parmesan am Stück
Meersalz
Pfeffer aus der Mühle

ZUBEREITUNG:

Die Steaks salzen, pfeffern, mit den Kräutern einreiben und auf dem Grill garen.
Den Spargel zu gleichen Teilen auf 4 Bögen Alufolie verteilen und mit Salz und etwas Zucker würzen.
Die abgeriebene Orangenschale und etwas Olivenöl darübergeben und je 2 Scheiben Büffelmozzarella auf den Spargel legen. Etwas Chili über den Büffelmozzarella streuen.
Die Alu-Päckchen gut verschließen und bei mäßiger Hitze auf dem Grill ca. 12–15 Minuten garen.

ANRICHTEN:

Je ein Spargel-Päckchen auf einen Teller legen und die Alufolie öffnen.
Je ein Steak auf den Spargel legen und etwas Parmesan darüberhobeln.

DER ALB-TRAUM: BESTES FLEISCH, BESTER GESCHMACK

ENTRECÔTE VOM ALBBÜFFEL

mit ligurischem Kartoffelsalat

À LA TARIK ROSE

3–4 kg Entrecôte vom Albbüffel (Steak aus dem Zwischenrippenstück)

Marinade: 2–3 EL Olivenöl................2 EL grobes Meersalz................Zitronensaft................
½ TL Bergpfeffer................1 TL Paprikapulver................1–2 Knoblauchzehen................
1 EL Honig................1 EL Senf................ca. 1 TL Rosmarin, fein gehackt................
1 TL Fenchelsaat................1 TL Schwarzkümmelöl

Ligurischer Kartoffelsalat: 3 Stück rote Paprika................ca. 1 kg Heidedrillinge................
Olivenöl................junger, frischer Knoblauch, grob abgeschnitten und 1 EL davon gehackt................
1 Fenchelknolle................4 rote Zwiebeln................2 kleine Zucchini................
3–4 EL Taggiasche-Oliven................100 g getrocknete Tomaten, gewürfelt................1 TL Peperoni,
fein gehackt................Kräuter, z.B. Basilikum, Petersilie oder Schnittlauch

Vinaigrette: 3 EL Balsamico ➡ ALTEN, HOCHWERTIGEN BALSAMICO VERWENDEN................3 EL Olivenöl................
1 TL Senf................Paprikapulver................Fenchelgrün, fein gehackt................Petersilie................
Schnittlauch................Basilikum................Salz und Pfeffer

ZUBEREITUNG:

Entrecôte:
Das Albbüffel-Entrecôte mit Olivenöl und Meersalz marinieren. Die restlichen Marinade-Zutaten zusammen mörsern und das Fleisch mit der Gewürzmarinade intensiv einmassieren. Das Albbüffel-Entrecôte entweder im Smoker oder im Ofen zubereiten. Wichtig ist hier eine hohe Anfangstemperatur. Der Smoker sollte mit Holz und Holzkohle ordentlich befeuert werden.

Für eine Zubereitung im Ofen den Ofen auf 120°C vorheizen. Den Boden des Ofens mit einem Backblech auslegen. Das Fleisch direkt auf den Rost im Garraum legen und nach 15 Minuten das erste Mal wenden. Danach das Fleisch bei abfallender Temperatur ca. 1½–2 Stunden in Ruhe garen lassen. Das Fleisch sollte eine Kerntemperatur von 52–53°C haben.

Ligurischer Kartoffelsalat:
Auch die Paprika kann man im offenen Feuer oder im Ofen zubereiten. Für eine Zubereitung im Ofen den Ofen auf 220°C vorheizen. Die Paprika ins offene Feuer oder in den Ofen legen und schmoren lassen, bis die Paprikaschale leicht schwarz wird. Die Paprika danach in ein feuchtes Tuch bzw. in Alufolie einwickeln, bis sich die Haut schon fast von alleine löst. Danach die Paprikakerne und die weißen Häutchen entfernen und die Paprika in eine grobe Rautenform schneiden.

Kartoffeln halbieren und zusammen mit Salz, Olivenöl und Knoblauch auf einem Backblech im Ofen bei 160°C ca. 20 Minuten garen. Danach grob geschnittenen Fenchel und rote Zwiebeln dazugeben. Alles zusammen noch einmal 7 Minuten garen lassen. Dann die Zucchini hinzufügen und weitere 3–5 Minuten garen.

Alles aus dem Ofen holen und in einer Schüssel vermengen. Zuletzt Oliven, getrocknete Tomaten und Paprika zu den Kartoffeln geben und das Gemüse untermischen. Die Zutaten der Vinaigrette mit einer Gabel leicht aufschlagen und emulgieren, dann über den Salat geben.

ANRICHTEN:

Das Entrecôte vor dem Aufschneiden ca. 10 Minuten ruhen lassen und mit etwas Meersalz und Olivenöl bestreichen. Das Fleisch aufschneiden und auf einer Platte anrichten. Bei großen Fleischstücken die Schnittfläche nach Belieben mit Meersalz nachwürzen.

WERDE ZUM BÜRGERMEISTER

BURGER DE LUXE VOM WAGYU-RIND
À LA TARIK ROSE

Pattys:
400 g Rinderhack

Spitzkohlsalat:
3 Schalotten...............½ Spitzkohl...............½ Paprika
2 EL Olivenöl...............½ Chilischote...............Kreuzkümmel
etwas Essig...............etwas Honig

Mayonnaise:
1 Eigelb...............2 EL Senf...............6 EL mildes Olivenöl
½ TL flüssiger Honig...............frische Petersilie
frischer Basilikum...............½ Chilischote

4 Sauerteigbrötchen...............4 EL Öl...............2 Tomaten...............1 rote Zwiebel

Salz und frisch gemahlener Pfeffer...............½ Zitrone

VORBEREITUNG (CA. 4 STUNDEN VOR DER ZUBEREITUNG):

Das Rinderhack von allen Seiten mit reichlich Salz würzen und zu einer Rolle formen.
2 EL Öl in einen Topf geben und erhitzen. Hackrolle in mehrere Schichten Klarsichtfolie einwickeln
und für 3–4 Stunden in den Kühlschrank legen.

Für den Kohlsalat Schalotten schälen und würfeln, Spitzkohl und Paprika in Streifen schneiden.
In einem Topf 2 EL Öl erhitzen und Schalotten, Spitzkohl und Paprika darin garen. Eine Chilischote in kleine Stücke
schneiden, die Hälfte davon hinzufügen und mit Kreuzkümmel und Salz abschmecken, mit einem Schuss Essig
und Honig verfeinern, gut umrühren. Topf vom Herd nehmen und bis zur Zubereitung abkühlen lassen.

Für die Mayonnaise 1 Eigelb und 2 EL Senf in einem Glas vermischen, etwas salzen und langsam 6 EL Öl dazugeben.
Gut umrühren. Einen Schuss Honig, etwas Petersilie, etwas Basilikum und restliches Chili hinzufügen, mit Salz erneut
abschmecken, zum Abkühlen in den Kühlschrank stellen.

ZUBEREITUNG:

3 EL Öl in einer Pfanne bei mittlerer Temperatur erhitzen. Sauerteigbrötchen quer durchschneiden,
Schnittflächen mit 1 EL Öl beträufeln und mit einer Prise Salz vorwürzen. Stielansätze von den Tomaten entfernen,
die Tomaten in Scheiben schneiden, mit Salz und Pfeffer würzen, etwas Öl dazugeben. Hack aus der Folie nehmen
und in Burgerscheiben (Pattys) schneiden, mit der Hand etwas flach drücken und ca. 8 Minuten anbraten, dabei immer
wieder wenden. Die Zwiebel schälen und in Ringe schneiden, zusammen mit den Brötchen sowie den Tomaten
für ca. 2 Minuten in einer Pfanne leicht anrösten.

ANRICHTEN:

Untere Brothälfte mit Mayonnaise bestreichen, 2 EL Kohlsalat dazugeben. 1–2 Pattys (je nach Größe) auf das Brot
legen, Zwiebel- und Tomatenscheiben darübergeben. Noch etwas Sauce darauf verteilen und mit Petersilie garnieren.
Obere Brotscheibe on top und nach Bedarf salzen.

CÔTE DE BŒUF
mit Bratkartoffeln
À LA FRANK BUCHHOLZ

Côte de Bœuf:
2,5 kg küchenfertiges Rippenstück vom Ochsen
(mit Fettdeckel, Zimmertemperatur)
4 EL schwarzer Pfeffer, grob zerstoßen
Olivenöl
4–5 EL mittelscharfer Senf
grobes Meersalz

Bratkartoffeln:
1 kg festkochende Kartoffeln, am Vortag gekocht
100 g durchwachsener Speck
3 Schalotten
½ Bund glatte Petersilie
6 EL Rapsöl
Meersalz und Pfeffer aus der Mühle

ZUBEREITUNG:

Côte de Bœuf:
Den Ofen auf 210° C vorheizen. Das Fleisch mit 2 EL gestoßenem Pfeffer einreiben.
In einem großen Bräter das Olivenöl erhitzen und das Fleisch darin erst auf der Fettseite,
dann auf allen anderen Seiten anbraten. Den Bräter in den Ofen schieben und das Fleisch etwa 10 Minuten braten.

Die Ofentemperatur auf 175 °C reduzieren und das Fleisch weitere 1,5 Stunden braten.
Danach sollte das Fleisch innen noch rosa sein. Während der Bratzeit zweimal mit dem Senf bestreichen.
Anschließend aus dem Ofen nehmen und zugedeckt vor dem Servieren ca. 10 Minuten ruhen lassen.

Bratkartoffeln:
Für die Bratkartoffeln die am Vortag gekochten Kartoffeln pellen und anschließend in dünne Scheiben schneiden.
Den Speck würfeln, die Schalotten schälen und fein schneiden.
Petersilie waschen, trocken schütteln, die Blätter abzupfen und ebenfalls fein schneiden.
In einer Pfanne das Rapsöl erhitzen, die geschnittenen Kartoffelscheiben
dazugeben und von allen Seiten goldbraun braten. Anschließend die Speckwürfel hinzufügen und weiterbraten,
bis sie schön kross sind. Erst kurz vor dem Servieren die Schalotten und zum Schluss die Petersilie zugeben.
Alles noch einmal gut durchschwenken und mit Salz und Pfeffer abschmecken.

ANRICHTEN:

Das Fleisch aufschneiden, mit grobem Salz und restlichem Pfeffer bestreuen,
mit den Bratkartoffeln servieren.

NIX AUS DEM STREICHELZOO, ABER ZART WIE BUTTER

FLANKE VOM WAGYU-RIND

mit Tomatensalsa und Grillgemüse

À LA TARIK ROSE

1–1½ kg Flanken-Steak.................Meersalz aus der Mühle.................2–3 El Olivenöl

Tomaten-Salsa:
6–8 Strauchtomaten.................1 rote Zwiebel.................1–2 EL heller Balsamico-Essig
1 TL Honig.................Chili.................1 TL Ingwer, gehackt.................Knoblauch
½ Bund Koriander.................Meersalz und Pfeffer

Grillgemüse:
1 Aubergine.................1 Zucchini.................je 1 rote und gelbe Paprika
alter Balsamico-Essig.................Knoblauch.................Olivenöl.................Zitrone
frischer Rosmarin, gehackt.................Salz und Pfeffer

ZUBEREITUNG:

Steak:
Flanken-Steak im Ganzen mit Meersalz und Olivenöl marinieren. Auf dem heißen Grill von beiden Seiten
ca. 3 Minuten bei starker Hitze grillen. Danach bei schwacher Hitze ruhen lassen.
Das Fleisch bleibt dadurch schön saftig und rosa.

Tomaten-Salsa:
Tomaten von Strunk und Kernen befreien und in feine Würfel schneiden. Die rote Zwiebel abziehen,
fein würfeln und zu den Tomaten geben. Mit hellem Balsamico-Essig, Honig, Chili, Salz, Pfeffer, Ingwer,
Knoblauch und gehacktem Koriander abschmecken.

Grillgemüse:
Die Aubergine und die Paprika schälen. Die Aubergine in 1 cm dicke Scheiben schneiden und grillen.
Die Paprika vierteln und ebenfalls grillen. Die Zucchini ungeschält in Scheiben schneiden und ebenfalls grillen.
Aubergine mit altem Balsamico-Essig, Knoblauch, Salz, Pfeffer, Olivenöl und gehacktem Rosmarin würzen, die Zucchini
nur mit Salz, Pfeffer, Knoblauch, Olivenöl und einem Spritzer hellem Balsamico-Essig würzen. Die Paprika mit Zitrone,
schwarzem Pfeffer, Salz, Knoblauch und Olivenöl würzen.

ANRICHTEN:

Zum Servieren eine Platte mit dem fertigen Grillgemüse auslegen. Das Flanken-Steak in dünne Scheiben schneiden und
die Tomaten-Salsa darübergeben. Evtl. mit Meersalz und Pfeffer aus der Mühle nachwürzen.

HÜFTSPITZ VOM RIND

mit Bohnen und Speck

À LA CHAKALL

800 g Hüftspitz
grobes Meersalz
2 EL Olivenöl
50 g Speck, gewürfelt oder in feine Streifen geschnitten
1 Zwiebel, klein gewürfelt
1 süße Paprika, in Streifen geschnitten
1 Dose schwarze Bohnen (ca. 800 g)
1 TL Kreuzkümmel
1 Bund frischer Koriander
1 EL gemahlene Erdnüsse

ZUBEREITUNG:

Den Ofen auf 250 °C vorheizen. Zuerst den Hüftspitz mit grobem Meersalz einreiben
und für 20 Minuten im Ofen garen, nach 10 Minuten einmal wenden. Olivenöl in einer Pfanne erhitzen und den Speck
darin anbraten. Danach die Zwiebeln dazugeben und braten, bis sie einen glasigen Zustand erreicht haben.
Anschließend die Paprika hinzufügen, dann die schwarzen Bohnen. Zu guter Letzt alles mit Kreuzkümmel
und Koriander abschmecken. 1 TL Erdnussbutter dazugeben und mit Salz
nach Belieben nachwürzen.

ANRICHTEN:

Den Hüftspitz in dünne Scheiben aufschneiden und mit gemahlenen Erdnüssen garnieren.
Mit dem Bohnengemüse und rustikalem Brot servieren.

MIT SCHWUNG

AUS DER HÜFTE

GEBRATEN

PAILLARD VON DER WAGYU-HÜFTE

mit Tomaten, Rucola und Parmesan
À LA FRANK BUCHHOLZ

4 Scheiben Wagyu-Hüfte à ca. 150 g
4 Frischhaltebeutel oder Ähnliches zum Plattieren
2 Knoblauchzehen.................etwas Olivenöl.................Salz und Pfeffer

Balsamico-Vinaigrette:
150 ml mildes Olivenöl.................100 ml Rapsöl
65 ml heller Balsamico-Essig.................35 g mittelscharfer Senf
30 ml Wasser.................50 g Zucker

2 Ochsenherztomaten.................120 g Rucola, gewaschen
100 g Parmesan, fein gehobelt.................Meersalz.................Pfeffer aus der Mühle

ZUBEREITUNG:

Je eine Wagyu-Scheibe in einen Frischhaltebeutel geben, vorsichtig dünn klopfen,
herausnehmen und mit Salz und Pfeffer würzen. Den Knoblauch schälen, mit dem Handballen zerdrücken,
mit dem Olivenöl vermischen und auf den Fleischscheiben verteilen.
Nun das Fleisch kurz von beiden Seiten auf einem heißen Grill
oder in einer großen Pfanne garen.

Für die Vinaigrette alle Zutaten bis auf das Olivenöl in einen Mixer geben,
mit Salz, Pfeffer und Zucker abschmecken. Während der Mixer läuft,
das Olivenöl nach und nach einfließen lassen, bis eine Emulsion entsteht.

ANRICHTEN:

Die Ochsenherztomaten in dünne Scheiben schneiden und auf dem gegrillten Fleisch verteilen.
Den Rucola daraufgeben und großzügig mit der Balsamico-Vinaigrette beträufeln.
Gehobelten Parmesan über dem Rucola verteilen und
alles mit etwas Meersalz und Pfeffer würzen.

SO GEHT PIZZA FÜR ECHTE KERLE

PIZZA MATAMBRE DE TERNERA
À LA CHAKALL

„Pizzaboden": 3 x 500 g Flanken-Steak vom Rind

Tomatensauce: 50 ml Olivenöl................5 reife Tomaten................frischer Basilikum................
3 Knoblauchzehen................2 rote Chilis, gehackt................1 EL Zucker................grobes Salz

➤➤ Pizza Surf & Turf:
1–2 Kaisergranat................Olivenöl................1 Büffelmozzarella................Parmesan................
schwarze Oliven................Rucola

➤➤ Pizza Gemüse:
Paprika................Champignons................Parmesan................schwarze Oliven

➤➤ Pizza Schwarzwald:
30 g geräucherter Schinken in Scheiben................schwarze Oliven................Champignons................
Parmesan

ZUBEREITUNG:

Für den „Pizzaboden" beide Seiten der Flanken-Steaks mit Salz einreiben. Danach in je ein Steak in einer ofenfesten Pfanne (sehr wichtig!) bei hoher Temperatur 1–2 Minuten scharf anbraten. Die Zutaten für die Tomatensauce fein pürieren und damit die Flanken-Steak in den Pfannen großzügig bestreichen.

Den Ofen auf 220°C vorheizen.

Den Kaisergranat für die Surf & Turf-Variante mit dem Knoblauch in Olivenöl frittieren. Den Büffelmozzarella in feine Scheiben Scheiben schneiden und das „Pizzaboden"-Steak damit belegen. Kaisergranat auf das Steak legen, die Oliven und großzügig Parmesan darübergeben. Für ca. 8 Minuten backen.

Für die Gemüsepizza die Paprika in Streifen schneiden und in Olivenöl frittieren. Champignons in feine Scheiben schneiden. Paprika, Champignons und die schwarzen Oliven über das Steak in der Pfanne geben und großzügig Parmesan darübergeben. Für ca. 8 Minuten backen.

Für die Schwarzwald-Pizza das Flanken-Steak in der Pfanne mit dem geräucherten Schinken belegen. Champignons in feine Scheiben schneiden und ebenfalls dazugeben. Die Oliven und großzügig Parmesan darübergeben und für ca. 8 Minuten backen.

ANRICHTEN:

Die Pizzen aus dem Ofen holen und mit Rucola bestreuen.

Geschmortes

BÜRGERMEISTERSTÜCK

mit Selleriepüree und Birnen-Chutney

À LA FRANK BUCHHOLZ

Rinderschulter: 1½ kg Rinderschulter.................100 g Karotten, klein gewürfelt
100 g Sellerie, klein gewürfelt.................200 g rote Zwiebeln, klein gewürfelt
400 ml Rotwein.................300 ml roter Portwein.................1 Lorbeerblatt
1 l Kalbsfond.................Mehlbutter zum Binden

Selleriepüree:
500 g Knollensellerie, geschält und gewürfelt.................Saft von ½ Zitrone
80 g Butter.................Muskat.................2 EL Sahne, geschlagen

Birnen-Chutney: 50 g Zucker.................250 g Birnen, geschält und grob gewürfelt
75 g Schalotten, gewürfelt.................70 ml weißer Balsamico-Essig
4 Vanilleschoten.................30 g Senfsaat.................1 Stück Sternanis

Zum Garnieren:
80 g Pancetta, in Streifen geschnitten und in der Pfanne knusprig gebraten.................80 g Croûtons
Meersalz und Pfeffer aus der Mühle

ZUBEREITUNG:

Bürgermeisterstück:
Den Ofen auf 140°C vorheizen. Die Rinderschulter mit Salz und Pfeffer würzen
und in einem Topf in etwas Öl von allen Seiten anbraten. Karotten,
Sellerie und Zwiebeln zugeben und mit anrösten. Rotwein und Portwein angießen und reduzieren lassen.
Das Lorbeerblatt zugeben, den Kalbsfond angießen, den Topf mit einem Deckel verschließen und im Ofen ca. 4 Stunden
schmoren. Anschließend das Fleisch aus dem Topf nehmen und warm stellen. Die Sauce passieren,
um zwei Drittel einkochen lassen, mit Mehlbutter binden
und dann mit Salz und Pfeffer abschmecken.

Selleriepüree:
Die Selleriewürfel für das Selleriepüree in einem Topf mit Wasser und Zitronensaft sehr weich kochen.
Wasser restlos abschütten und den Sellerie gut ausdampfen lassen.
Dann mit der Butter, Salz und Pfeffer sowie Muskat in einem Mixer fein pürieren.
Kurz vor dem Anrichten die geschlagene Sahne untermengen.

Birnen-Chutney:
Für das Birnen-Chutney den Zucker in einem Topf karamellisieren.
Birnen- und Schalottenwürfel zugeben und mit dem Essig ablöschen. Vanilleschoten,
Senfsaat sowie Sternanis zugeben und köcheln lassen. Vor dem Servieren den Sternanis und die Vanilleschote
herausnehmen und das Birnen-Chutney mit etwas Salz abschmecken.

ANRICHTEN:

Selleriepüree auf Tellern verteilen. Das Fleisch in Scheiben schneiden,
auf das Püree geben und eine Nocke Birnen-Chutney auf das Fleisch setzen. Croûtons und knusprig gebratene
Pancetta-Streifen darauf verteilen und mit der Sauce umgießen.

FRAG

DEINEN

METZGER

➡️ FLEISCH VON DER HOCHRIPPE VOM RIND — MUSS BEIM METZGER DES VERTRAUENS BESTELLT WERDEN, DA SPARERIBS IN DEUTSCHLAND EIGENTLICH AUS DER RIPPE VOM SCHWEIN GEMACHT WERDEN

SPARERIBS

mit Süßkartoffeln und Tempura-Gemüse

À LA CHAKALL

Fleisch von der Hochrippe vom Rind, grobes Meersalz

Marinade:
10 EL Olivenöl...............1 Zitrone ....glatte Petersilie...............2–3 Süßkartoffeln
grobes Meersalz

Tempura-Teig:
200 g Mehl...............1 Flasche Pils, ca. 400 ml

Tempura-Gemüse:
4 Karotten...............1 Knollensellerie
2 Frühlingszwiebeln...............Zucchini...............frischer Koriander...............Olivenöl

Zum Anrichten: Zitronenspalten

ZUBEREITUNG:

Spareribs:
Die gesamte Hochrippe mit grobem Meersalz einreiben.
Mit einem Pinsel die Marinade auf die Hochrippe auftragen und diese auf ein Grillrost legen –
am besten auf ein Lagerfeuer oder auf einen großen amerikanischen Grill,
da die Hochrippe vom Rind am besten in einem Stück gegrillt und erst dann geteilt wird, wenn sie gar ist.

Süßkartoffeln:
Die Süßkartoffeln einzeln in Alufolie einwickeln und in die Glut des Feuers geben oder für ca. 1 Stunde bei 200 °C
in den Ofen geben. Anschließend die garen Kartoffeln aus der Folie wickeln, etwas grobes Meersalz daraufgeben
und mit übrig gebliebener Marinade von der Hochrippe bestreichen. Die Kartoffeln sofort servieren.

Tempura-Gemüse:
Für den Teig das Mehl mit dem Bier zu einer flüssigen Masse verrühren. Das Gemüse schälen und in mundgerechte
Stücke schneiden. Gemüse in den Tempura-Teig eintunken, sodass es von einem Teigmantel bedeckt ist.
In einer tiefen Pfanne reichlich Olivenöl erhitzen und das Tempura-Gemüse im sehr heißen Fett frittieren.
Auf Küchenpapier oder einer Serviette abtropfen lassen.

ANRICHTEN:

Die Hochrippe in Spareribs schneiden und direkt auf dem Schneidenbrett servieren. Das Tempura-Gemüse auf einem
Teller mit Zitronenspalten servieren, Süßkartoffeln ebenfalls auf einem Teller anrichten.

SPITZENGERICHT FÜR DIE TAFELRUNDE

TAFELSPITZ
mit zweierlei Topinambur-Chips und Wildkräutersalat

À LA TARIK ROSE

Tafelspitz: Buchenspäne.................ca. 1,2 kg trocken gereifter Tafelspitz vom Hochlandrind..............
Rosmarin................Olivenöl.................Salz und Pfeffer

Topinambur-Marinade: 500 g Topinambur.................Crème fraîche.................Saft von 2 Zitronen................
4 EL Olivenöl.................1 EL Honig.................Salz.................Pfeffer

Wildkräutersalat mit Vinaigrette: 100 g Wildkräutersalat (z. B. Pimpernelle, Kerbel, Brunnenkresse),
geputzt.................2 EL alter Balsamico-Essig.................3 EL Olivenöl.................Salz.................
Pfeffer aus der Mühle

Topinambur-Chips: 250 g Topinamburknollen.................Öl.................Salz.................Basilikum und
Dill zum Servieren

ZUBEREITUNG:

Tafelspitz:
Den Tafelspitz mit Rosmarin und Olivenöl marinieren.

Für die optimale Zubereitung des Tafelspitzes am besten einen Bräter mit Sieb verwenden. Zunächst die Buchenspäne im Topf auf dem Herd anzünden. Das Fleisch darüber auf einem Gitter platzieren, sodass die Buchenspäne nicht in Kontakt mit dem Tafelspitz kommen. Das Fleisch auf dem Gitter mit Salz würzen und ca. 30 Minuten räuchern.

Den Ofen auf 120 °C vorheizen. Den Tafelspitz aus dem Bräter nehmen und in einer ofenfesten Pfanne oder einem zweiten Bräter anbraten, bis er von allen Seiten eine kräftige goldbraune Färbung erhält. Den Tafelspitz mit Pfeffer würzen. Anschließend 20 Minuten im Ofen garen.

Topinambur-Marinade:
Für die Topinambur-Marinade die Topinamburknollen schälen und in kochendem Wasser ca. 10 Minuten weich kochen. Wenn die Knollen gar sind, steigen sie nach oben. Zusammen mit der Crème fraîche, dem Zitronensaft, Olivenöl und Honig im Mixer pürieren, bis eine homogene Emulsion entstanden ist. Danach mit Salz und Pfeffer abschmecken.

Wildkräutersalat mit Vinaigrette:
Für die Vinaigrette für den Wildkräutersalat alten Balsamico-Essig, Olivenöl, Salz und Pfeffer aus der Mühle in eine kleine Schüssel geben. Alles mit einer Gabel emulgieren und damit die Wildkräuter marinieren.

Topinambur-Chips:
Die Topinamburknollen schälen und fein hobeln (am besten mit einem Trüffelhobel). Das Öl in einer tiefen Pfanne erhitzen und die Topinamburhobel darin goldgelb frittieren. Anschließend abtropfen lassen und mit Salz würzen.

ANRICHTEN:

Den Tafelspitz auf einem großen Teller dünn aufschneiden. Das Fleisch mit Topinambur-Marinade übergießen und den Wildkräutersalat in der Mitte des Tellers anrichten. Als Topping die Topinambur-Chips darübergeben, mit Dill und Basilikum garnieren und evtl. mit etwas Meersalz nachwürzen

WEIZENTORTILLA

mit Gemüse-Fleisch-Füllung

À LA CHAKALL

Fleisch-Füllung: 250 g Rinderhack................Kreuzkümmel................Salz................
Pfeffer................½ rote Zwiebel................1 EL Paniermehl................Öl zum Anbraten

Sauce: 3 EL Olivenöl................1 Dose Pfirsiche................¼ Knoblauch................Salz................
1 EL Zucker................Saft von ½ Limette................½ Chilischote, fein gehackt................
Petersilie................

1 Weizentortilla................1 Tomate, ohne Strunk und gewürfelt................
1 Salatgurke, in Streifen geschnitten

ZUBEREITUNG:

Fleisch-Füllung:
Das Rinderhack mit Kreuzkümmel, Salz und Pfeffer würzen. Die halbe Zwiebel schälen und in kleine Stücke schneiden. Die Hälfte davon mit dem Paniermehl vermischen und zum Hackfleisch geben. Die Hackfleischmasse kräftig durchkneten. In einer Pfanne Öl zum Anbraten erhitzen. Das Hack zu einer Rolle formen (etwas kürzer als der ø der Tortilla) und bei hoher Hitze ca. 3 Minuten braten, dabei immer wieder wenden.

Sauce:
3 EL Öl in einen Topf geben und bei mittlerer Temperatur erhitzen. Die Pfirsiche würfeln und mit dem Knoblauch und den restlichen Zwiebelstücken in den Topf geben und unter Rühren aufkochen lassen. Eine Prise Salz, 1 EL Zucker, einen Schuss Limettensaft und die klein geschnittene Chilischote (je nach Geschmack) hinzufügen. Bei geringer Temperatur ca. 5 Minuten köcheln lassen, anschließend mit Petersilie verfeinern und pürieren.

Vor dem Anrichten die Weizentortilla in einer Pfanne kurz erhitzen.

ANRICHTEN:

Das gebratene Rindfleisch in die Mitte der Weizentortilla legen. Gurkenstreifen und Tomatenwürfel rundherum platzieren und nach Geschmack mit Sauce beträufeln. Weizentortilla einrollen. Für den Halt in eine Zeitung wickeln und in einem Glas servieren.

VERDAMMT GUTES RIND

BEEF VOM GRILL
À LA TARIK ROSE

Gemüse: jeweils 4–5 orange, gelbe und violette Karotten
3 Pastinaken.................2 rote Zwiebeln
ca. 500 g kleine Kartoffeln oder La-Ratte-Kartoffeln
➡ KLEINE KARTOFFELN NENNT MAN AUCH DRILLINGE

4–6 große Koteletts vom Beef (Tux Zillertal)
Meersalz.................Olivenöl

2 geräucherte Knoblauchknollen
1 Bund Rosmarin.................Abrieb und Saft von 1 unbehandelten Zitrone
Meersalz und Pfeffer

ZUBEREITUNG:

Das Gemüse schälen. Die Kartoffeln halbieren, große Kartoffeln kurz vorkochen. Kartoffeln zusammen mit Gemüse und ganzen Zwiebeln in einem Bräter auf dem Grill anbraten. Den geräucherten Knoblauch halbieren und dazugeben. Das Gemüse ca. 20-25 Minuten garen, es sollte anschließend noch Biss haben. Zum Schluss Gemüse und Kartoffeln mit Rosmarin, etwas Zitronenabrieb und Zitronensaft, Meersalz und Pfeffer abschmecken.

Die Koteletts mit Meersalz gut würzen und mit Olivenöl marinieren. Die Koteletts auf dem Grill bei hoher Temperatur von allen Seiten kräftig angrillen. Danach an den Rand des Grillrosts legen und bei niedriger Temperatur ziehen lassen. Insgesamt liegt das Fleisch so, je nach Dicke des Koteletts, 10-15 Minuten auf dem Grill.

ANRICHTEN:

Das Fleisch ca. 5 Minuten ruhen lassen und pfeffern. Mit dem Gemüse servieren.

➡ DAS FLEISCH
CA. 15 MINUTEN
BEVOR ES AUF
DEN GRILL KOMMT
AUS DER KÜHLUNG
NEHMEN

FOR YOUR RIBEYE ONLY

RIBEYE-STEAK VOM WAGYU-RIND

mit gefüllten Paprika

À LA CHAKALL

Ribeye-Steak................Meersalz

Gefüllte Paprika: 2 Paprikaschoten.................Speck aus der Region................4 Eier.................
Käse aus der Region, gerieben.................Basilikum, gehackt................Knoblauch.................
rote Zwiebeln................Meersalz................Pfeffer

Chimichurri-Sauce:Chimchurri: ½ rote Zwiebel, fein gehackt................2 Knoblauchzehen,
fein gehackt................2 TL glatte Petersilie, fein gehackt................50 g getrockneter Oregano.............
Ají Molido ➡ **GROB GEMAHLENER ROTER PFEFFER AUS ARGENTINIEN**................frischer Thymian,
gehackt................1 Lorbeerblatt................schwarzer Pfeffer................250 ml Olivenöl.................
¼ Tasse Weinessig

ZUBEREITUNG:

Das Ribeye-Steak mit Meersalz einreiben, im Ganzen auf den Grill legen und so lange grillen, bis es von außen schön braun und von innen zart rosa ist.

Gefüllte Paprika:
Paprika in gleich große Hälften teilen, die weißen Häutchen und die Kerne entfernen. Knoblauch würfeln, rote Zwiebeln in Ringe schneiden. Speck knusprig braten oder grillen und anschließend zerbröseln. Die Paprika von der Außenseite grillen, dann ein Ei in jede Paprikahälfte geben, Knoblauch und Zwiebeln darüberstreuen, salzen, pfeffern und wieder grillen, sodass das Ei in der Paprika gerinnt. Den Käse darübergeben, goldgelb backen lassen, den knusprigen Speck darüberbröseln und mit Basilikum verfeinern.

Chimichurri:
Alle trockenen Zutaten in einem Mörser fein zerstoßen. Mit Öl und Essig gründlich vermischen, bis sich eine dicke Emulsion bildet. Die Emulsion sollte eigentlich mindestens zwei Wochen lang in einem klaren Glasgefäß an einem kühlen Ort ziehen, aber wer sie nicht vorbereitet hat, verwendet sie hier frisch.

➡ **CHIMICHURRI IST EINE ARGENTINISCHE SAUCE, DIE IN DER REGEL ZU GEGRILLTEM RINDFLEISCH SERVIERT WIRD, WIE ZUM BEISPIEL BEI EINEM TYPISCH ARGENTINISCHEN ASADO. AM BESTEN BEREITET MAN CHIMICHURRI ZWEI WOCHEN IM VORAUS VOR UND UNTERSCHEIDET MILDERE UND SCHÄRFERE VARIANTEN. LETZTERE ENTHALTEN DEUTLICH MEHR PAPRIKA UND PFEFFER.**

ANRICHTEN:

Das Fleisch aufschneiden und mit der Chimichurri-Sauce servieren, dazu die gefüllten Paprikahälften reichen.

ENTRECÔTE VOM BISON

mit gegrillten Salatherzen und Pfifferlingen in Rahm

À LA FRANK BUCHHOLZ

2 Entrecôtes vom Bison à 500 g................Meersalz und Pfeffer aus der Mühle

Salatherzen: 4 kleine Romana-Salatherzen................Olivenöl................Saft von 1 Zitrone................ Salz................Pfeffer

Pfifferlinge in Rahm: 40 g Schalotten................400 g Pfifferlinge, geputzt................ 150 ml Sahne................30 g Schnittlauch, fein gehackt................50 g Tomatenwürfel, ohne Haut und Kerne

Zum Garnieren: 30 g rote Melde................halbierte Tomaten vom Grill

ZUBEREITUNG:

Entrecôtes mit Salz und Pfeffer würzen und auf dem Grill von jeder Seite ca. 8 Minuten bei milder Hitze grillen. Anschließend das Fleisch an einem warmen Ort 20 Minuten ruhen lassen.

Die Salatherzen halbieren und mit Olivenöl, Zitronensaft, Salz und Pfeffer würzen. Von beiden Seiten ca. 1 Minute grillen, der Salat sollte noch etwas knackig bleiben.

Für die Pfifferlinge in Rahm zunächst die Schalotten in Ringe schneiden und in einer Pfanne glasig anschwitzen, die Pfifferlinge zugeben und braten. Mit Sahne auffüllen und einkochen lassen, bis es cremig wird. Zum Schluss Schnittlauch und Tomatenwürfel zugeben und abschmecken.

ANRICHTEN:

Pfifferlinge in der Mitte der Teller verteilen, das Fleisch aufschneiden und auf die Pilze setzen. Jeweils ein gegrilltes Salatherz anlegen und mit roter Melde garnieren. Nach Belieben mit Tomaten vom Grill servieren.

HACKEN, KNETEN, BRATEN, ESSEN

BISON-BURGER

À LA TARIK ROSE

Bison-Pattys:
ca. 4–5 kg Brust vom Bison...............60 g Meersalz
20 g Pfeffer

Dip:
200 g Kartoffeln...............6–8 Eier, gekocht
4 EL Senf...............junger Knoblauch
brauner Zucker...............50 ml heller Balsamico-Essig
200 g Olivenöl...............½ Bund Schnittlauch
Salz und Pfeffer

Burger:
1 kg Zwiebeln...............Olivenöl...............Salz
100 ml heller Balsamico-Essig...............20 Sesam-Burgerbrötchen
Rucola...............Ketchup

ZUBEREITUNG:

Bison-Pattys:
Die Brust vom Bison mit grobem Meersalz und Pfeffer gut würzen und durch den Fleischwolf drehen.
Das frische Hack auf Klarsichtfolie legen und zu einer Rolle einrollen.
Danach stramm in Alufolie einwickeln und im Tiefkühlfach gut durchziehen lassen.

Dip:
Kartoffeln kochen, pellen und durch eine Kartoffelpresse in eine Schüssel geben.
Dann das Eigelb der gekochten Eier zur Kartoffelmasse hinzufügen, das Eiweiß beiseitestellen. Etwas Senf unter die
Kartoffel-Eigelb-Masse rühren und mit Salz würzen. Den Knoblauch in feine Scheiben schneiden und ebenfalls in die
Kartoffelmasse geben. Mit Pfeffer abschmecken, ein wenig braunen Zucker sowie etwas Essig unterrühren.
Alles stampfen und dabei konstant das Öl hinzugeben. Dann das Eiweiß der gekochten Eier klein schneiden und
ebenfalls unterrühren. Zuletzt noch etwas Schnittlauch zerhacken und ebenfalls dazugeben.

Burger:
Die Zwiebeln schälen und in Ringe schneiden. Zwiebeln in einer heißen Pfanne mit etwas Olivenöl anschmoren.
Die Zwiebeln erst mit Salz würzen, wenn sie leicht angebraten sind. Mit Essig abschmecken.
Die Fleischmasse aus dem Tiefkühler nehmen und in ca. 2 cm dicke Pattys schneiden.
Pattys von beiden Seiten anschließend nach Geschmack grillen. Sesambrötchen aufschneiden
und mit der Schnittfläche ebenfalls kurz auf den Grill legen.

ANRICHTEN:

Die untere Brötchenhälfte mit dem Dip bestreichen, etwas Rucola daraufgeben. Dann folgen das Fleisch-Patty sowie
etwas Ketchup und zuletzt die angeschwitzten Zwiebeln – fertig ist der Bison-Burger!

EINTOPF VON DER RINDERBRUST
À LA TARIK ROSE

Gemüse:
2 Sellerieknollen.................2–3 Bund Karotten.................1–2 Porreestangen
junger Knoblauch ➡ BEI JUNGEM KNOBLAUCH REICHT DAS ENTFERNEN DER ÄUSSEREN SCHALE!
1 kg Zwiebeln.................1–3 Handvoll Berglinsen
1 Dose stückige Tomaten, alternativ passierte oder frische Tomaten

2 kg Rinderbrust von der Kuh (Schweizer Grauvieh).................2 l Brühe
6 Stück Räucherwurst, ansonsten etwas Speck extra

Topping:
2 Bund glatte Petersilie.................Meersalz und frisch gemahlener Pfeffer
Abrieb von 1 unbehandelten Zitrone.................Knoblauch
Estragonessig, alternativ anderer Essig

ZUBEREITUNG:

Gemüse vorbereiten:
Den Sellerie und die Karotten schälen, grob würfeln und beiseitestellen. Den Porree längs aufschneiden,
im Wasser gut reinigen und in grobe Ringe schneiden. Den Knoblauch ebenfalls würfeln.

Eintopf:
Die Rinderbrust in die ungesalzene Brühe legen und darin bei niedriger bis mittlerer Temperatur,
je nach Größe ca. 1½ Stunden ziehen lassen. Während dieser Zeit werden die weiteren Zutaten nach und nach zugege-
ben. Für den Geschmack kann man mit der Rinderbrust ein wenig Speck in die Brühe geben.

Die Räucherwürste im Ganzen zum Fleisch geben. Fleisch und Würste erneut mit Brühe aufgießen, bis alles bedeckt ist.
Die Zwiebeln fein würfeln und mit dem Knoblauch in den Topf geben. Etwa 10–15 Minuten, bevor die Rinderbrust
gar ist, die Linsen hinzugeben.
➡ LINSEN IMMER OHNE SALZ KOCHEN, DA SIE SONST HART BLEIBEN!

Wenn das Fleisch fast gar ist, die festen Bestandteile des grob gewürfelten Suppengemüses – Sellerie und Möhren –
zum Fleisch geben. Kurz vor dem Ende der Garzeit des Fleisches die Dosentomaten in den Eintopf geben.
Erst ganz zum Schluss die grob geschnittenen Porree-Ringe hinzufügen und kurz mitgaren.

Das fertig gegarte Fleisch aus dem Fond nehmen und beiseitestellen.
Den Fond mit Zucker, Meersalz und Pfeffer würzen.

Topping:
Für das Topping die Blattpetersilie grob schneiden und in eine Schüssel geben. Mit grobem Meersalz und Zitronenabrieb vermengen und abschmecken. Den Knoblauch fein hacken und unterrühren, frisch gemörserten Pfeffer ebenfalls
unterrühren – und fertig ist das Topping.

ANRICHTEN:
Den Eintopf auf tiefe Teller verteilen und mit dem Topping bestreuen.

GEBEIZTE FLANKE VOM RIND

mit Käsespätzle

À LA FRANK BUCHHOLZ

Gebeizte Flanke:
1 kg Flanken-Steak................5 Wacholderbeeren................150 g Salz
200 g Zucker................100 g Wiesenheu................Rote-Bete-Granulat

Käsespätzle:
8 Eier................22 g Salz................500 g Mehl................50 ml Sprudelwasser

Röstzwiebeln:
6 mittelgroße Schalotten................25 g Butter................Zucker................Salz ....Pfeffer

Finish:
50 g Butter................150 g geriebener Bergkäse

Meersalz und schwarzer Pfeffer aus der Mühle

VORBEREITUNG:

Das Flanken-Steak von grobem Fett befreien. Wacholderbeeren ohne Fett in der Pfanne anrösten und im Mörser mahlen. Salz, Zucker, Rote-Bete-Granulat und Wacholder vermengen und über das Fleisch geben, sodass alles komplett bedeckt ist, anschließend das Fleisch mit dem Heu bedecken. Das Fleisch 24 Stunden beizen, dann kurz unter kaltem Wasser abwaschen und auf einem Küchentuch abtropfen lassen.

ZUBEREITUNG:

Käsespätzle:
Für den Spätzle-Teig die Eier mit dem Salz verrühren und 30 Minuten in den Kühlschrank stellen (dadurch werden die Spätzle gelber). Ein Kaltwasserbad mit Eiswürfeln bereitstellen. Anschließend in einer Schüssel das Mehl mit den Eiern mischen und mit einem Schneebesen mit der Hand so lange schlagen, bis der Teig Blasen schlägt – evtl. etwas Sprudelwasser zugeben. Der Teig sollte langsam vom Schneebesen tropfen, dann ist die richtige Konsistenz erreicht. Mit einer Schaumkelle den Teig in den Spätzle-Hobel geben und in gut gesalzenes, siedendes Wasser schaben. Die Spätzle kurz aufwallen lassen, herausnehmen, in Eiswasser abschrecken und abtropfen lassen.

Röstzwiebeln und Finish:
Für die Röstzwiebeln die Schalotten schälen und in Ringe schneiden. Butter in einer heißen Pfanne schmelzen, Schalottenringe zugeben, sehr stark anbraten, mit etwas Zucker bestreuen und leicht karamellisieren lassen. Mit Salz und Pfeffer abschmecken, in ein Sieb geben und das überschüssige Fett abtropfen lassen.

Butter in einer Pfanne schmelzen. Eine Schicht Spätzle, eine Schicht Käse, dann wieder eine Schicht Spätzle in die Pfanne geben. Zum Schluss mit Käse bestreuen und erwärmen, bis der Käse geschmolzen ist.

ANRICHTEN:

Die Käsespätzle mit einem Holzlöffel kurz verrühren und auf Tellern anrichten. Die Röstzwiebeln auf den Spätzle verteilen und das geschnittene Flanken-Steak neben den Spätzle anrichten.

KÄSEFONDUE

À LA CHAKALL

300 g Appenzeller
300 g Greyerzer
1 Flasche Weißwein
Kirschwasser
2 Baguettes

Mögliche Beilagen:
1 kg Trockenfleisch
1 kg Rumpsteak, nach Belieben gebraten
4 Süßpaprika

ZUBEREITUNG:

Für das Fondue gereiften Appenzeller und gereiften Greyerzer,
Weißwein und einen kleinen Schuss Kirschwasser in einen Topf geben.
Alles so lange erhitzen, bis der Käse vollständig geschmolzen ist.
Dann kann das Baguette in den Käse getunkt werden.

ANRICHTEN:

In Argentinien wird zum Fondue klein geschnittenes,
getrocknetes Fleisch oder gesalzenes Rumpsteak mit einer Süßpaprika serviert.

OBERSCHALE VOM BEEF

mit Mashed Potatoes und Kopfsalat

À LA TARIK ROSE

800 g Oberschale vom Rind (nur beste Qualitiät, sonst lieber Rumpsteak oder Filet verwenden)

Mashed Potatoes:
1 kg festkochende Kartoffeln, vorgekocht.................500 g Karotten
2 Knoblauchzehen.................6 EL Olivenöl.................¼ Bund Schnittlauch
¼ Bund Petersilie.................Cajun-Gewürzmischung.................Schnittlauch
glatte Petersilie.................Meersalz.................Pfeffer

Kopfsalat:
1 Kopfsalat.................Saft von 3 Zitronen.................200 g griechischer Joghurt
Schalotten.................Meersalz.................Pfeffer.................3 EL Honig

ZUBEREITUNG:

Oberschale vom Rind:
Das Fleisch in dünne Scheiben schneiden und in einer Schüssel mit Cajun, Pfeffer und Salz würzen.
Mit den Händen alles gut durchmischen und ruhen lassen, sodass das Salz einziehen kann.
Vor dem Servieren das Fleisch kurz von beiden Seiten anbraten.

Mashed Potatoes:
Den Grill anheizen oder den Ofen auf 220 °C vorheizen.
Die Ofenkartoffeln in Alufolie einrollen. Dabei gilt: So wenig Folie wie möglich, so viel wie nötig.
Auf Grillkohle oder im Ofen ca. 20 Minuten garen. Die Karotten schälen, den Knoblauch ebenfalls schälen und grob
schneiden. Karotten auf Alufolie legen, Knoblauch und Olivenöl darübergeben, mit Salz und Pfeffer würzen und in die
Alufolie einrollen. Zu den Kartoffeln legen und etwa 10 Minuten grillen.
Nach dem Ende der Garzeit die Folie von den Kartoffeln entfernen und die Haut abziehen.
Bei den Karotten eventuell dunkle Stellen herausschneiden und die Karotten in kleine Stücke schneiden.
Die obere Hälfte des Schnittlauchs klein schneiden und glatte Petersilie grob hacken. Mit Olivenöl, grobem Pfeffer
und Salz abschmecken und ruhen lassen.
Kurz vor dem Servieren alles vermischen und mit einem Kartoffelstampfer zerdrücken.

Salat:
Kopfsalat waschen und in grobe Stücke zupfen.

Dressing:
Den griechischen Joghurt in eine Schüssel geben und mit dem Zitronensaft vermengen.
Für die Süße mit Honig abschmecken.
Vor dem Servieren das Dressing zum Kopfsalat geben.

➡ CAJUN IST EINE GEWÜRZMISCHUNG AUS DER KREOLISCHEN KÜCHE.
WER SELBST CAJUN MISCHEN MÖCHTE, VERWENDET DAZU OREGANO, THYMIAN, ZWIEBELPULVER, KNOBLAUCHPULVER,
EDELSÜSSES PAPRIKAPULVER, CAYENNEPFEFFER, SCHWARZEN PFEFFER UND SALZ.

VON

DER ROLLE

ANGUS-NAGEL-ROULADE
À LA CHAKALL

600 g Angus-Rind aus der Oberschale (alternativ Flanken-Steak)...............grobes Salz, Pfeffer

200 g Bacon am Stück.................2 Knoblauchzehen.................glatte Petersilie.................
Olivenöl.................Saft von ½ Zitrone.................Hartkäse oder mittelharter Käse

Endiviensalat ....Salatdressing.................Croûtons

Hilfsmittel: Hammer, Nadel und Faden (à la Chakall: Hammer & Nagel)

ZUBEREITUNG:

Den Ofen auf 200 °C vorheizen.

Mit einem scharfen Messer das Fleisch dünn abschneiden. Mit einem Hammer dickere Stellen weich klopfen, anschließend das Fleisch nach Belieben zwischen zwei Lagen Frischhaltefolie legen. Das flache Fleischstück mit grobem Salz und Pfeffer würzen.

Den Bacon in Streifen schneiden und in einer Pfanne ohne Fett anbraten. Zwei Knoblauchzehen und die Petersilie klein hacken und zum Bacon geben. Anschließend ein bisschen Olivenöl und den Saft einer halben Zitrone hinzufügen.

Den Ofen auf 180 °C vorheizen.
Das Fleischstück 1 Minute auf einer Seite kurz anbraten und wieder aus der Pfanne nehmen. Auf die gebratene Seite den Bacon, Knoblauch und die Petersilie gleichmäßig verteilen. Jetzt den Käse darüberstreuen. Alles zu einer Rolle zusammenrollen und mit Nadel und Faden zusammenbinden (oder mit einem Nagel fixieren). Die Roulade von außen mit Salz und Pfeffer würzen. Für eine halbe Stunde im Ofen garen.

ANRICHTEN:

Den Endiviensalat und die Croûtons mit Olivenöl und etwas Zitronensaft beträufeln und zu dem Fleisch servieren.

Wichtig: Vor dem Verzehr müssen alle Nägel oder Nadeln entfernt werden!

RINDERFRIKADELLE

im Burgerbrötchen mit Grillgemüse, Rucola und Limetten-Thymian-Mayo

À LA TARIK ROSE

Frikadellen: 2–3 Schalotten................Knoblauch................2–3 Scheiben Toastbrot oder 1 altbackenes Brötchen, in Wasser eingeweicht ....600 g Rinderhack................2 Eier................
1 EL Senf................Paprikapulver................½ Bund Petersilie, gehackt................Meersalz und schwarzer Pfeffer................Öl zum Anbraten

Limetten-Thymian-Mayo: 1 Eigelb................1 TL Senf................Saft und Abrieb von 1 unbehandelten Limette zzgl. etwas zum Abschmecken................ 1 Msp. Kreuzkümmel................
brauner Zucker................Knoblauch................1 Prise Salz................100 ml Olivenöl................
frischer Thymian, fein gehackt................Chilischote, fein gewürfelt

1 Aubergine................1 Zucchini................1 rote Paprika (ohne Haut)................Meersalz und Pfeffer

Senf................Briochebrötchen................Rucola

ZUBEREITUNG:

Frikadellen:
Die Schalotten schälen, würfeln und mit dem Knoblauch leicht anschwitzen. Das eingeweichte Brot gut ausdrücken. Das Hackfleisch mit den Eiern, dem eingeweichten Brot, Senf, Schalotten-Knoblauch-Mischung und den Gewürzen zu einer gleichmäßigen Masse verkneten.

Den Ofen auf 120°C vorheizen. Frikadellen formen (je ca. 80–100 g) und in einer heißen Pfanne mit etwas Öl von beiden Seiten kurz scharf anbraten. Dann die Temperatur verringern und langsam fertig garen. Bis zum Servieren im Ofen bei 120°C warm halten.

Limetten-Thymian-Mayo:
Alle Zutaten bis auf das Olivenöl, den Thymian und die gewürfelte Chilischote in einem hohen, schmalen Gefäß mit einem Stabmixer mixen. Nach und nach das Öl einfließen lassen. Zum Schluss mit Chili, Salz und Limettensaft abschmecken und den Thymian hinzugeben.

Die Aubergine waschen und quer in Scheiben schneiden, die Zucchini längs oder quer in Scheiben schneiden. Die Paprika vierteln und das Kerngehäuse entfernen. Gemüse auf den Grillrost legen und garen.

ANRICHTEN:

Die Brötchen auseinanderschneiden und die Hälften mit der Limetten-Thymian-Mayo bestreichen. Eine Frikadelle auf eine Brötchenhälfte geben und den Burger nach Belieben mit dem Grillgemüse und Rucola belegen, die zweite Brötchenhälfte darauflegen.

ICH BIN DOCH
NICHT BLEUD!

CORDON BLEU VOM KALB

mit Bratkartoffeln und Salat

À LA FRANK BUCHHOLZ

Petersilienpaste:
½ Bund Petersilie.................Salz.................Pfeffer

Cordon bleu:
4 Kalbsschnitzel (aus der Oberschale) à 160 g
4 Scheiben Taleggio à 30 g.................4 Scheiben Saftschinken.................1 Ei
Instant-Maisgrieß.................Butterschmalz zum Ausbacken

Bratkartoffeln:
1 kg festkochende Kartoffeln, am Tag vorher in reichlich Salzwasser gekocht
ca. 6 EL Rapsöl.................100 g durchwachsener Speck, gewürfelt
3 Schalotten, geschält und fein gewürfelt.................½ Bund glatte Petersilie, fein gehackt
Meersalz.................Pfeffer aus der Mühle

Wildkräutersalat mit Dressing:
200 g Wildkräutersalat.................100 ml Rapsöl.................65 ml heller Balsamico-Essig
35 g mittelscharfer Senf.................50 g Zucker
150 ml mildes Olivenöl.................Meersalz.................Pfeffer aus der Mühle

ZUBEREITUNG:

Für die Petersilienpaste die Petersilie waschen
und mit 1 EL Wasser zu einer ganz feinen Paste pürieren, mit Salz und Pfeffer abschmecken.

Cordon bleu:
Die Kalbsschnitzel flach klopfen und mit Salz und Pfeffer würzen. Den Taleggio in eine Scheibe Saftschinken einwickeln,
auf die eine Hälfte des Kalbsschnitzels legen und etwas von der Petersilienpaste darauf verteilen. Das Schnitzel
zusammenklappen, sodass an den Rändern Fleisch auf Fleisch liegt und der Käse nicht herauslaufen kann.

In einem tiefen Teller das Ei verquirlen, in einen anderen tiefen Teller den Instant-Maisgrieß geben.
Das Cordon bleu zuerst durch das Ei ziehen und anschließend im Maisgrieß wenden. In reichlich Butterschmalz bei
mittlerer Hitze goldgelb ausbacken und auf Küchenpapier abtropfen lassen.

Bratkartoffeln:
Die Kartoffeln pellen und dann in 0,3 cm dicke Scheiben schneiden. In einer Pfanne das Rapsöl erhitzen,
die geschnittenen Kartoffelscheiben zugeben und von allen Seiten goldbraun anbraten. Anschließend die Speckwürfel
zugeben und weiterbraten, bis der Speck kross ist. Erst kurz vor dem Servieren die Schalotten zugeben und zum Schluss
die geschnittene Petersilie. Nochmals gut durchschwenken und mit Salz und Pfeffer abschmecken.

Salatdressing:
Bis auf das Olivenöl alle Zutaten mit 30 ml Wasser in einen Mixer geben, mit Salz, Pfeffer und Zucker abschmecken.
Während der Mixer läuft, das Olivenöl nach und nach einfließen lassen, bis eine Emulsion entsteht.
Den Wildkräutersalat mit dem Dressing marinieren.

ANRICHTEN:

Die Bratkartoffeln auf die Teller verteilen, je ein Cordon bleu anlegen.
Etwas Petersilienpaste um das Cordon bleu ziehen und den Wildkräutersalat dazu servieren.

GALLOWAY AUF CHINESISCH
À LA CHAKALL

---

1 kg Galloway-Filet am Stück.................1–2 EL Maisstärke
5 EL Sojasauce.................Basmatireis

4 Karotten.................2 cm Ingwer
je 1 rote, gelbe und grüne Paprika.................Sesamöl.................frischer Koriander
Thai-Basilikum.................100 g Shiitake-Pilze
Kurkuma ....3 Knollen Pak Choi.................2 EL Austernsauce
Meersalz.................1 Knoblauchzehe, leicht zerdrückt.................3 Frühlingszwiebeln
Sesam

ZUBEREITUNG:

Das Filet in 2–3 cm dicke Stücke schneiden. Maisstärke mit Sojasauce in einer Schüssel verrühren. Das Fleisch in eine größere Schüssel legen, die Stärke-Sojasaucen-Mischung dazugeben und mit dem Fleisch vermischen. Den Basmaitreis nach Packungsanweisung kochen. Die Karotten und den Ingwer schälen und klein schneiden

➡ DEN INGWER NUR GROB SCHÄLEN, D AS GEHT AM BESTEN MIT EINEM KLEINEN LÖFFEL. IN DER SCHALE SIND DIE MEISTEN VITAMINE, UND DIESE SIND WIRKSAM GEGEN BLUTHOCHDRUCK UND SEXUELLE PROBLEME.

Die Paprikaschoten waschen, entkernen und in Streifen schneiden. Karotten ebenfalls in Streifen schneiden. Frühlingszwiebeln in Ringe schneiden, Knoblauch leicht zerdrücken. In einem Wok Sesamöl erhitzen und bei hoher Temperatur Karotten, Paprika, Frühlingszwiebel, Knoblauch und Ingwer darin ca. 5–10 Minuten braten. Koriander und Thai-Basilikum klein hacken und zum Gemüse in den Wok geben.

Dann erst die Shiitake-Pilze zum Gemüse geben. Die Fleischstücke ebenfalls in den Wok geben und mit grobem Meersalz würzen. Für etwas mehr Farbe das Gericht mit etwas Kurkuma würzen. Beim Pak Choi die Enden abschneiden und das Wok-Gericht zum Ende hin mit ganzen Pak Choi Blättern-verfeinern. Zum Schluss nach Gefühl das Gemüse und die Filetstücke mit Austernsauce würzen.

ANRICHTEN:

Die Filet-Gemüse-Pfanne mit dem Basmatireis servieren und mit Sesam und fein gehacktem Koriander anrichten.

SCHWEIN

ITALIAN JOB
IM BLACK FOREST

KARTOFFEL-FOCACCIA

mit Schwarzwälder Räucherschinken und Wildkräutersalat

À LA FRANK BUCHHOLZ

FÜR

4
PERSONEN

Kartoffel-Focaccia: 225 g vorwiegend festkochende Kartoffeln .... 60 ml Milch
15 g Hefe................450 g Mehl................12 g Salz................1 EL getrockneter Thymian zzgl. etwas
getrockneter Thymian zum Bestreuen................Olivenöl

Wildkräutersalat mit Dressing: 100 g Wildkräutersalat (z. B. Pimpernelle, Kerbel, Brunnenkresse),
geputzt................50 g Frisée, geputzt................100 ml Rapsöl................65 ml heller Balsamico-Essig
35 g mittelscharfer Senf................50 g Zucker .... 150 ml mildes Olivenöl

Schwarzwälder Räucherschinken, in dünne Scheiben geschnitten................Meersalz und Pfeffer
aus der Mühle

ZUBEREITUNG:

Die Kartoffeln kochen und noch warm durch eine Kartoffelpresse drücken. Die Milch lauwarm erhitzen und die Hefe darin auflösen. Kartoffeln und Hefemilch mit Mehl, 190 ml Wasser und Salz zu einem glatten Teig verarbeiten. Den Teig auf ein mit Backpapier ausgelegtes tiefes Blech setzen, mit etwas Olivenöl beträufeln und mit den Händen gleichmäßig verteilen, sodass er ca. 3 cm hoch auf dem Blech liegt. Mit etwas getrocknetem Thymian bestreuen und an einem warmen Ort 45–60 Minuten gehen lassen. Die Focaccia sollte danach um zwei Drittel aufgegangen sein.

Den Ofen auf 175°C vorheizen und die Focaccia darin 20–25 Minuten goldgelb backen.

Den Wildkräutersalat und Frisée putzen. Für das Dressing das Rapsöl, den Balsamico-Essig und den Senf mit 30 ml Wasser in einen Mixer geben. Mit Salz, Pfeffer und Zucker abschmecken. Während der Mixer läuft, das Olivenöl nach und nach einfließen lassen, bis eine Emulsion entsteht. Den Wildkräutersalat mit dem Dressing marinieren.

ANRICHTEN:

Focaccia schneiden, mit dem Schwarzwälder Räucherschinken belegen und zusammen mit dem Wildkräutersalat servieren.

CURRYWURST VOM MANGALICA-SCHWEIN
UNTERWEGS AUFGEGABELT

450 g durchwachsenes Fleisch vom Mangalica-Schwein
(am besten Schulter- oder Bauchfleisch)
375 g Schweinespeck ohne Schwarte
20 g Kochsalz
1 EL gemahlener weißer Pfeffer
¼ TL gemahlener Ingwer
1 bis 2 EL Curry
230 g Crushed Ice
Kutterhilfsmittel und weißes Phosphat
(Menge je nach Herstellerangaben)
enge Schweinedärme (Kaliber 30/32)
gut gewürzte Fleischbrühe zum Garen
Salz

Currypulver
Kartoffeln, gekocht
Kresse
Kräuterremoulade

VORBEREITUNG:

Das Schweinefleisch und den grünen Speck in 1–2 cm große Würfel schneiden.
Ein Backblech mit Frischhaltefolie auslegen, die Fleisch- und Speckwürfel gleichmäßig darauf verteilen
und im Tiefkühlfach etwa zwei Stunden lang anfrieren lassen

ZUBEREITUNG:

Das Fleisch aus dem Tiefkühlfach nehmen, durch die feine Scheibe des Fleischwolfs drehen
und in eine große Schüssel geben. Die Gewürze zum Brät geben und dieses mit den Knethaken der Rührmaschine
etwa 10–12 Minuten kräftig kneten. Das Brät mit Salz abschmecken.

Brät mit dem Crushed Ice im Mixer etwa 30 Sekunden zu einer homogenen Masse verarbeiten.
Die Wurstmasse in die vorbereiteten Schweinedärme füllen und Würste von 80–100 Gramm abdrehen.

Die Fleischbrühe auf 75 °C erhitzen. Die Würste hineingeben und etwa 25 Minuten gar ziehen lassen.
Die Würste aus der Fleischbrühe nehmen und in reichlich kaltem Wasser abkühlen lassen.

Die Würste gut abtropfen lassen und auf den heißen Grill legen.

ANRICHTEN:

Je eine Currywurst auf einem Teller in mundgerechte Stücke schneiden, mit reichlich Currypulver bestreuen
und mit der Currysauce von Frank Buchholz (siehe nächste Seite) servieren. Als Beilage eignen sich
Kartoffeln mit Kräuterremoulade und Kresse oder, ganz klassisch, Pommes frites.

CURRYSAUCE FÜR CURRYWURST
À LA FRANK BUCHHOLZ

100 g Zwiebeln, fein gewürfelt
Öl zum Anschwitzen
100 g Apfel, geschält und fein gewürfelt
3 TL Madras-Currypulver
100 g Zucker
400 ml Tomatensaft
100 g Curry-Ketchup
2 EL Worcestersauce
1 EL Weißweinessig
Meersalz

ZUBEREITUNG:

Zwiebeln in einem Topf mit etwas Öl glasig anschwitzen,
Apfel zugeben und kurz mitbraten. Currypulver und Zucker zugeben und weiterrösten.
Tomatensaft, Curry-Ketchup, Worcestersauce und Weißweinessig hinzufügen
und alles um die Hälfte einkochen lassen.
Die Sauce pürieren und abschmecken.

ANRICHTEN:

Die Currywurst (siehe Seite 121) grillen,
in mundgerechte Stücke schneiden und mit der Sauce übergießen.

HAUS-
MANNS-
KOST

PRESSSACK & METZELSUPPE
UNTERWEGS AUFGEGABELT

FÜR

2
WÜRSTE

Presssack: 500 g Schweinebacke................100 g mageres Schweinefleisch................
300 g Schweineschwarten................1 Schweinekopf, in 2 Hälften geteilt................
4 Schweinefüße................etwa 2 l gut gewürzte Fleischbrühe................1 Zwiebel................
etwas Liebstöckel................6–8 Pfefferkörner................1 Tasse Weinessig................
20 g normales Kochsalz................½ Teelöffel gemahlene Pimentkörner................
1 EL gemahlener schwarzer Pfeffer................Kunstdarm, ø ca. 5 cm

Metzelsuppen-Einlage: 3 Eier................300 g Mehl................Muskatnuss................Kochsalz

ZUBEREITUNG:

Presssack:
Die Schweinebacke, das Schweinefleisch, die Schweineschwarten sowie Füße und Kopfhälften gut waschen. Die Fleisch-brühe in einem großen Topf erhitzen, die Zwiebel und alle Gewürze hinzufügen und mit Weinessig sauer abschmecken. Das Fleisch in den Sud einlegen und bei mittlerer Hitze ca. 90 Minuten köcheln lassen. Das Fleisch und die Zwiebel aus dem Sud nehmen und etwas abkühlen lassen.

Die Hälfte der Schweinebacken und das Schweinefleisch in feine Würfel schneiden und in eine Schüssel geben. Von den Schweinefüßen und den Kopfhälften das Fleisch entfernen, das sich leicht vom Knochen löst, den Rest entsorgen. Das ausgelöste Fleisch von Schweinefüßen und Kopf mit den Schweineschwarten durch die mittlere Scheibe des Fleisch-wolfs drehen und zu den Fleischwürfeln geben. Mit den Gewürzen und dem Weinessig abschmecken. Die Masse mithil-fe eines Wursttrichters noch warm, aber nicht heiß in den Kunstdarm füllen. Den Fleischsud wieder auf 80°C erhitzen, die Würste hineingeben und ca. 30 Minuten gar ziehen lassen.

Eine Schüssel mit 60°C warmem Wasser vorbereiten. Nach dem Garen die Würste zuerst in das warme Wasser legen, dann kaltes Wasser zugießen und die Würste langsam abkühlen lassen. Nach dem Abkühlen noch einmal in kaltes Was-ser tauchen und zum Ruhen auf ein Brett legen.

Metzelsuppe:
Die Metzelsuppe besteht aus dem Wurstwasser des Presssacks. Das Verhältnis sollte ¼ Metzel zu ¾ Wurstwasser sein, hier also etwa 1½ l Wurstwasser. Für die Einlage die Eier grob mit dem Mehl verquirlen, mit Salz und Muskatnuss ab-schmecken. Den Teig mit einer Gabel in das heiße Wurstwasser geben und dabei leicht verquirlen, sodass kleine Metzel entstehen.

ANRICHTEN:

Den Presssack in dünne Scheiben schneiden und z.B. mit Graubrot und Salat servieren. Die Metzelsuppe in tiefe Teller geben und servieren.

BRATKARTOFFELN MIT SPIEGELEI
und Speck vom Schwäbisch-Hällischen Landschwein
À LA FRANK BUCHHOLZ

Bratkartoffeln:
1 kg Kartoffeln, festkochend, am Tag vorher in reichlich Salzwasser gekocht
ca. 6 EL Rapsöl
100 g durchwachsener Speck vom Schwäbisch-Hällischen Landschwein, gewürfelt
3 Schalotten, geschält und fein geschnitten
½ Bund glatte Petersilie, fein geschnitten

4 Eier
40 g Butter
4 Gewürzgurken

Meersalz
Pfeffer aus der Mühle

ZUBEREITUNG:

Die gekochten Kartoffeln pellen und in 0,3 cm dicke Scheiben schneiden.
In einer Pfanne das Rapsöl erhitzen, die geschnittenen Kartoffelscheiben hinzugeben und von allen Seiten goldbraun anbraten. Anschließend die Speckwürfel zugeben und braten, bis der Speck kross ist.
Erst kurz vor dem Servieren die fein geschnittenen Schalotten
zugeben und ganz zum Schluss die geschnittene Petersilie. Die Pfanne nochmals gut schwenken und mit Salz und Pfeffer abschmecken.

Butter in einer zweiten Pfanne erhitzen und darin die Spiegeleier braten.

ANRICHTEN:

Die Bratkartoffeln auf Tellern verteilen, je ein Spiegelei daraufsetzen und mit der Gewürzgurke servieren.

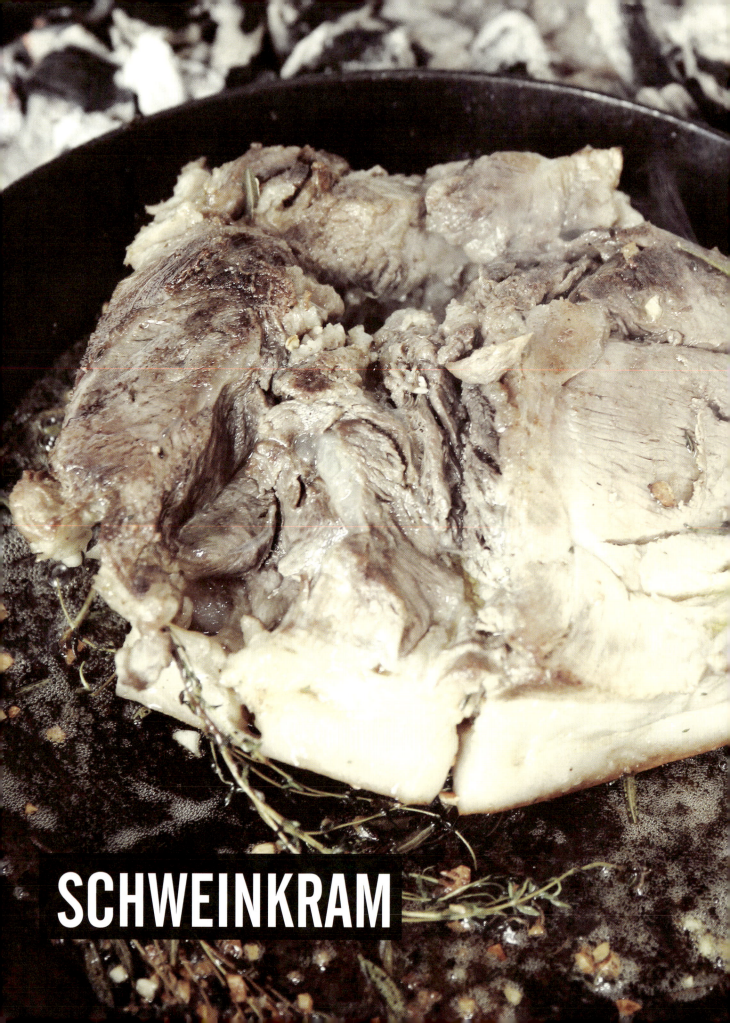

SCHWEINKRAM

FLANKE
vom Schwäbisch-Hällischen Landschwein
À LA CHAKALL

---

1 Flanken-Steak vom Schwäbisch-Hällischen Landschwein.................Saft von 1 Zitrone.................
Bourbon-Whisky.................Meersalz

Topping: Butter.................brauner Zucker.................2 Birnen.................
Mark von 1 Vanilleschote.................2 Handvoll Spinat.................Salz

Außerdem: Graubrot.................Olivenöl.................Knoblauch, in Scheiben geschnitten.................
Schnittlauch, in Röllchen geschnitten.................Rucola zum Servieren.................Parmesanhobel zum
Servieren

ZUBEREITUNG:

Das Fleisch am Stück mit Bourbon-Whisky, Zitronensaft und Meersalz marinieren und im Ganzen auf den Grill legen, bis das Fleisch von außen knusprig ist und beim Aufschneiden von innen zartrosa.

Die Birnen schälen und in dünne Scheiben schneiden. Etwas Butter in der Pfanne schmelzen lassen, braunen Zucker hinzugeben und die Birne darin karamellisieren. Mit dem Mark der Vanilleschote und etwas Salz abschmecken, zum Schluss kurz den frischen Spinat mit in die Pfanne geben.

Das Graubrot in dünne Scheiben schneiden und auf dem Grill rösten, bis es knusprig ist. Das Olivenöl mit dem Knoblauch und dem geschnittenen Schnittlauch vermischen und das geröstete Graubrot damit bestreichen.

ANRICHTEN:

Das Fleisch in dünne Scheiben aufschneiden. Das geröstete Graubrot mit dem Fleisch belegen, Birnen-Spinat-Topping darübergeben und mit etwas Rucola und Parmesanhobeln servieren.

KOTELETT
vom Schwäbisch-Hällischen Landschwein mit Salsa Verde und Roter Bete
À LA TARIK ROSE

---

4 Koteletts vom Schwein................Olivenöl................Salz und Pfeffer

Salsa Verde: 3–4 Gewürzgurken................1 Salatgurke................1 Staudensellerie................
1 grüne Paprika................1–2 rote Zwiebeln................1–2 EL Kapern................3–4 EL heller
Balsamico-Essig................2–3 EL Honig................4 EL Olivenöl................glatte Petersilie................
Basilikum................Schnittlauch................Salz und Pfeffer aus der Mühle

Rote-Bete-Salat: 200 g gekochte Rote Bete................Essig................Öl................Salz................Pfeffer

---

ZUBEREITUNG:

Die Koteletts mit Olivenöl und Salz 5–10 Minuten marinieren. Koteletts bei starker Hitze mittig auf den Grill legen, von beiden Seiten ca. 5 Minuten grillen und anschließend an den Rand des Grills legen. Dort bei schwacher Hitze je nach Größe der Koteletts 5–10 Minuten weitergaren.

Salsa Verde:
Die Gewürzgurken fein würfeln. Die Salatgurke schälen und in feine Würfel schneiden. Den Staudensellerie von den Fäden befreien und ebenfalls in feine Würfel schneiden. Die restlichen Zutaten ebenfalls klein schneiden. Alles in einer Schüssel miteinander vermengen und mit Balsamico-Essig, Honig, Olivenöl, Salz, Pfeffer und den Kräutern abschmecken.

Rote-Bete-Salat:
Die Rote Bete grob würfeln und mit Essig, Öl, Salz und Pfeffer abschmecken.

ANRICHTEN:

Die Koteletts frisch vom Grill servieren und vor dem Anrichten mit viel Pfeffer und Olivenöl würzen. Etwas Salsa Verde daraufgeben und mit dem Rote-Bete-Salat servieren.

Scheiben von der knusprigen

SCHWEINESCHULTER

mit Senffrüchte-Vinaigrette, mariniertem Rettich und Gartenkresse

À LA FRANK BUCHHOLZ

Schweineschulter:
400 g Schweineschulter mit Fettdeckel................1 Rosmarinzweig
1 Thymianzweig................1 Knoblauchzehe, geschält................100 ml Fleischbrühe

French Dressing:
1 Eigelb................1 Msp. Senf................3 El Sherry-Essig
1 EL Balsamico-Essig................1 EL Himbeeressig................200 ml Maiskeimöl
200 g Sahne................2 Knoblauchzehen................½ Rosmarinzweig
2 Basilikumzweige................6 EL reduzierter Noilly Prat

Senffrüchte-Vinaigrette:
150 ml French Dressing................100 g Senffrüchte, in feine Würfel geschnitten
30 g Schnittlauch, fein geschnitten

Marinierter Rettich:
120 g Rettich, dünn gehobelt .... 50 ml French Dressing
Meersalz................Pfeffer aus der Mühle................1 Schale Gartenkresse

---

ZUBEREITUNG:

Schweineschulter:
Die Schweineschulter in einen Topf geben, mit Salz und Pfeffer würzen. Kräuter und Knoblauch zugeben,
die Fleischbrühe angießen und das Fleisch bei schwacher Hitze ca. 30 Minuten garen. Anschließend herausnehmen
und auf einem Grill knusprig braten. Den Schmorsaft im Topf einkochen lassen.

French Dressing:
Für das French Dressing Eigelb, Senf und die Essige verrühren. Das Öl nach und nach unterschlagen und die Sahne
untermixen. Den Knoblauch schälen. Rosmarin und Basilikum waschen, trocken tupfen und mit dem Knoblauch in dem
Dressing ziehen lassen, dann abpassieren und das Dressing mit Salz, Pfeffer und dem Noilly Prat abschmecken.
Die dünn gehobelten Rettichscheiben mit 50 ml French Dressing marinieren
und mit Salz und Pfeffer nachwürzen.

Senffrüchte-Vinaigrette:
150 ml French Dressing mit den restlichen Zutaten für die Senffrüchte-Vinaigrette und 50 ml vom
reduzierten Schmorsaft der Schweineschulter miteinander vermengen.

ANRICHTEN:

Die lauwarme Schweineschulter in feine Scheiben schneiden
und auf die Teller verteilen. Senffrüchte-Vinaigrette großzügig über das Fleisch geben,
den marinierten Rettich dazu anrichten und die Gartenkresse darüberstreuen.

SIMPLY

THE BEST

RIPPE VOM WOLLSCHWEIN

mit Gewürz-Rub, Süßkartoffel-Mangold-Gemüse und Soja-Dip

À LA TARIK ROSE

➡ RUB (GEWÜRZMISCHUNG FÜR FLEISCH ZUM GAREN IM SMOKER):

200 g Zwiebelpulver................1 Knolle frischer Knoblauch................200 g Paprikapulver

100 g brauner Zucker.................2–3 EL Meersalz

1 EL Langer Bergpfeffer.................50 g Koriandersaat

1 große oder 2 kleinere Rippen vom Wollschwein (Mangalica) ca. 4–5 kg

Gemüse:

2–3 Bund bunter oder roter Mangold.................4 Süßkartoffeln

200 g Schalotten.................1 Knolle frischer Knoblauch

200 ml Olivenöl.................Chili.................Honig.................2–3 Limetten

Dip:

500 ml Sojasauce.................Zitronengras.................Ingwer.................Peperoni

200 g Honig.................Mirin (Reiswein).................Limettenblätter

Korianderblätter.................Arganöl (alternativ Sesamöl vom gerösteten Sesam).................Sesam

---

ZUBEREITUNG:

Rub:
Zwiebelpulver, frischen Knoblauch, Paprikapulver, braunen Zucker,
Meersalz, langen Bergpfeffer und Koriandersaat in einen Mörser geben und fein mörsern.

Das Rippenstück vom Wollschwein mit dem Rub einstreichen, dabei nicht einmassieren sondern nur leicht auftupfen,
sodass die Marinade hält. Das bestrichene Fleisch gern für 1 Stunde in Folie wickeln, damit das Rub schön ziehen kann.
Danach die Rippen auf den Grill legen, je nach Hitze sind sie nach ca. 30 Minuten fertig.
Dabei keine direkte Hitze an die Rippen gelangen lassen, lieber den Rost etwas höher legen.

Süßkartoffel-Mangold-Gemüse:
Vom Mangold die Stiele klein schneiden und die Blätter beiseitelegen. Süßkartoffeln schälen und in grobe Spalten
schneiden. Schalotten schälen und hacken und etwas frischen Knoblauch hacken. In einer Pfanne Olivenöl erhitzen.
Zuerst die Süßkartoffeln in Olivenöl braten. Nach etwa 5 Minuten, wenn sie halb gar sind, Mangoldstiele und Schalotten
hinzufügen. Danach mit Knoblauch und etwas Chili würzen und kurz vor dem Anrichten die Mangoldblätter dazugeben.
Mit Olivenöl, ein wenig Honig und Limettensaft nachwürzen.

Dip:
Sojasauce zusammen mit Zitronengras und Ingwer, Chili, Honig, etwas Mirin und den Limettenblättern einkochen.
Frische, fein geschnittene Korianderblätter dazugeben. Ganz zum Schluss etwas Arganöl einrühren.

ANRICHTEN:

Die Rippe in einzelne Rippchen schneiden und mit dem Süßkartoffel-Mangold-Gemüse und dem Soja-Dip servieren.
Mit etwas frischem Koriander und Sesam bestreuen.

SCHWEINEFILET

in Heu und Bohnenkraut gegart,

mit grünen Bohnen und Salsa von gegrillten Tomaten

À LA FRANK BUCHHOLZ

Schweinefilet:
800 g Schweinefilet vom Wollschwein, sauber pariert
Öl zum Anbraten.................200 g frisches Heu
3–4 Zweige Bohnenkraut.................2 Knoblauchzehen
30 g Butter, flüssig

Grüne Bohnen:
60 g Bacon, in Streifen geschnitten
40 g Butter.................60 g Schalotten, fein gewürfelt
280 g Keniabohnen, geputzt und bissfest blanchiert

Salsa von gegrillten Tomaten:
4 große reife Strauchtomaten, ohne Strunk
40 g Schalotten, fein gewürfelt.................1 Knoblauchzehe, fein gehackt
30 ml Olivenöl.................1 EL Blattpetersilie, fein gehackt.................½ EL Minzeblätter, fein gehackt
1 Prise Zucker.................abgeriebene Schale von 1 unbehandelten Zitrone

Parmesan am Stück
Meersalz und Pfeffer aus der Mühle

ZUBEREITUNG:

Das Schweinefilet würzen und von allen Seiten in einer heißen Pfanne anbraten. Einen großen Bogen Frischhaltefolie ausbreiten, das Heu darauf verteilen und das Bohnenkraut dazugeben. Das Schweinefilet drauflegen und fest einrollen. Diese Rolle in doppelt gelegte Alufolie fest einwickeln und die Enden fest zudrehen. Die Rolle in einem Topf mit Wasser 20 Minuten bei 70° C pochieren, anschließend 5 Minuten ruhen lassen. Das Fleisch auspacken, von Heu und Bohnenkraut befreien und in Butter mit Knoblauch nachbraten.

Bohnengemüse:
Den Bacon in einer Pfanne ohne Fett knusprig auslassen. Butter und Schalotten zugeben und glasig anschwitzen. Blanchierte Bohnen dazugeben und mit Salz und Pfeffer würzen.

Salsa:
Die Tomaten halbieren, mit etwas Olivenöl benetzen und auf dem Grill von beiden Seiten grillen, bis sie Farbe annehmen. Die Haut abziehen und mit einer Gabel das Tomatenfleisch zerdrücken. Schalotten, Knoblauch, Olivenöl und Kräuter zugeben, mit Zucker, Salz und Pfeffer abschmecken und zum Schluss den Zitronenabrieb unterrühren.

ANRICHTEN:

Schweinefilet in Tranchen schneiden und auf Tellern verteilen, Bohnen und Tomatensalsa darübergeben, mit etwas gehobeltem Parmesan garnieren.

SCHWEINEBEIN MIT GEMÜSE
und Schmalz auf Vorrat
À LA CHAKALL

---

1 ganzes Bein vom Mangalica-Schwein

Marinade:
100 ml Tamarinden-Sauce
Saft von 2 Limetten
Honig
Olivenöl
1 Knoblauchzehe pro kg Fleisch
Chilipulver

Schmalz oder Fett, die Menge ist abhängig von der Größe des Topfes und des Mangalica-Beins
2–3 Kartoffeln pro Person.................2–3 Karotten pro Person.................Nelken
Fenchel.................Thymian

ZUBEREITUNG:

Spritzenfüllung fürs Bein:
Alle Zutaten für die Marinade miteinander vermischen.
Die Hälfte der Marinade in eine Spritze ziehen, etwas von der Marinade beiseitestellen
um später das Bein damit einzupinseln.
Die Spritze an verschiedenen Stellen im Bein ansetzen
und etwas von der Marinade ins Bein spritzen.

Das Bein vom Schwein in einen großen Topf geben und den Topf bis oben hin mit Schmalz füllen.
Zum Schmalz Kartoffeln und Karotten, Nelken und Fenchel hinzugeben
und auf einer Herdplatte für 4–5 Stunden auf sehr niedriger Hitze kochen. Das Fleisch aus dem Topf nehmen und von
beiden Seiten auf einem Grillrost anbraten. Beide Seiten des Beines mit der restlichen Marinade einpinseln.

ANRICHTEN:

Das Fleisch in Stücke schneiden und mit dem Gemüse servieren. Zum Schluss mit Thymian garnieren.

➡ DAS GEWONNENE SCHMALZ ERHÄLT BEI ABKÜHLUNG EINE FESTE KONSISTENZ UND IST IN EINEM GUT VERSCHLOSSE-
NEN WECKGLAS BIS ZU EINEM JAHR HALTBAR. DAZU DAS HEISSE SCHMALZ IN AUSGEKOCHTE GLÄSER FÜLLEN UND DIE
GLÄSER ZUM AUSKÜHLEN STÜRZEN.

GEFLÜGEL

CHICKEN
AUS DEM MORGENLAND

ORIENTALISCH MARINIERTES HUHN
mit Couscous und Bohnensalat mit Curry

À LA TARIK ROSE

---

4 Hähnchenbrüste................ Salz................ Olivenöl

Marinade: 1 Bund Koriander................1 Bund Petersilie................1 TL Paprikapulver................
1 EL Ras el-Hanout................ Knoblauch................Saft und Abrieb von 1 unbehandelten
Zitrone................4 EL Olivenöl................1 TL Meersalz ....1 EL Honig................
schwarzer Pfeffer................etwas Chili

Bohnensalat: 500 g Saubohnen .... 150 g dicke weiße Bohnen, über Nacht
eingeweicht................250 g Schneidebohnen................250 g Buschbohnen oder Prinzess-
bohnen................4 Schalotten................Knoblauch................100 ml Olivenöl................
ca. 1 EL Jaipur Curry................Koriander (die Stiele und das Grün)................Chili................
Tomaten................50 ml Apfelessig................2-3 EL Honig................Salz

Couscous: 500 g Couscous................250 ml Brühe................250 ml Orangensaft................
3 TL Ras el-Hanout ....1 TL Kurkuma................1 TL Kumin................
Saft von 2-3 Zitronen................1-2 EL Honig................Olivenöl................Salz................
2 rote Paprika................2 rote Zwiebeln................Chili, gehackt, nach Belieben................
1 Bund glatte Petersilie................½ Bund Minze

ZUBEREITUNG:

Marinierte Hähnchenbrüste:
Die Hähnchenbrüste mit Salz und Olivenöl würzen und ca. 10 Minuten ruhen lassen. Danach in einer Pfanne oder auf dem Grill anbraten, dabei mehrmals wenden.

Die Zutaten für die Marinade in einen Mixer geben und zu einer feinen Marinade verarbeiten. Die angebratenen Hähnchenbrüste nach dem Braten je nach Größe ca. 7–10 Minuten ziehen lassen. Kurz vor dem Anrichten das Hähnchen mit der Marinade bestreichen und nochmals kurz nachbraten.

Bohnensalat:
Zuerst die Saubohnen pulen und kurz blanchieren. Die eingeweichten weißen Bohnen in ungesalzenem Wasser kochen. Die restlichen Bohnen erst kurz blanchieren und danach grob schneiden. Die Schalotten und den Knoblauch schälen, fein würfeln, in Olivenöl kurz anschwitzen und mit etwas Curry würzen. Mit Salz, Koriander und Chili abschmecken.

Die geschnittenen Bohnen vermengen und mit der Curryvinaigrette marinieren. Strauchtomaten in feine Würfel schneiden und ebenfalls dazugeben. Mit dem Apfelessig und dem Honig würzen und mit Salz abschmecken.

Couscous:
Den Couscous in eine hitzebeständige Schüssel füllen. Die Brühe mit dem Orangensaft, Ras el-Hanout, Kurkuma und Kumin aufkochen und heiß über den Couscous geben. Den Couscous 10–15 Minuten ziehen lassen und ab und zu umrühren. Die Paprika fein würfeln. Die roten Zwiebeln abziehen und ebenfalls fein würfeln. Paprika und Zwiebeln in den Couscous rühren. Anschließend mit dem Zitronensaft, Honig, Olivenöl und Chili abschmecken. Zum Schluss die fein geschnittene Petersilie und Minze hinzugeben und mit etwas Orangensaft abschmecken.

ANRICHTEN:

Die Hähnchenbrüste in 1–2 cm dicke Scheiben schneiden. Den Salat auf Tellern anrichten und die Hähnchenbrüste auf das Salatbett legen. Mit Minzespitzen garnieren und dazu den Couscous reichen.

HÄHNCHEN IM SALZTEIG mit Pinienkern-Baumspinat
À LA FRANK BUCHHOLZ

Salzteig: 600 g Mehl.................2 kg grobes Meersalz.................5 Eiweiß

Hähnchen: 1 küchenfertiges Huhn, ca. 1,8 kg.................einige Thymianzweige.................
einige Rosmarinzweige

Pinienkern-Baumspinat: 200 g Baumspinat.................½ Schalotte.................2 EL Butter.................
Meersalz.................1 Prise Cayennepfeffer.................Muskat.................30 g Pinienkerne, geröstet

ZUBEREITUNG:

Für den Salzteig Mehl und Salz gut vermischen. Nach und nach das Eiweiß zugeben, alles gut vermengen und etwa 1 Stunde ziehen lassen. Anschließend 125 ml Wasser gleichmäßig in die Salzmasse einarbeiten und nochmals 1 Stunde ruhen lassen.

Den Ofen auf 210°C vorheizen (Ober- und Unterhitze). Den Salzteig auf einem Backpapier entsprechend der Größe des Huhns ausrollen, das Huhn daraufsetzen, mit den Thymian- und Rosmarinzweigen belegen und dann in den Salzteig einwickeln. Das eingewickelte Huhn auf einem mit Backpapier ausgelegten Backblech ca. 80 Minuten im Ofen garen, anschließend ruhen lassen.

Pinienkern-Baumspinat:
Für den Pinienkern-Baumspinat die frischen Blätter waschen und die Stielansätze entfernen, die harten Blätter evtl. kurz blanchieren. Die Butter in einer Pfanne erhitzen. Die Schalotte schälen und fein würfeln, in der Butter glasig dünsten und mit Salz, Cayennepfeffer und Muskat würzen. Die Baumspinatblätter und die gerösteten Pinienkerne dazugeben und ca. 1 Minute mit geschlossenem Deckel dünsten.

ANRICHTEN:

Den Salzteig mit einem Brotmesser rundherum aufschneiden und das Huhn portionieren. Mit dem Pinienkern-Baumspinat anrichten.

ES GEHT
AUCH
OHNE REIS

PEKING-HÄHNCHEN
À LA CHAKALL

---

1 Hähnchen.................8 Tassen Wasser.................1 ½ Tassen Stärke.................
3 EL Honig.................2 EL Sojasauce.................1 EL Sherry.................Ingwer.................1 EL Essig

Zum Garnieren: Krabbenchips.................50 g Koriander.................2 Stangen Lauchzwiebeln

---

VORBEREITUNG:

Das Hähnchen innen und außen waschen und trocken tupfen. Die Stärke mit 3 EL Wasser anrühren. In einem großen Topf Wasser zum Kochen bringen und mit der Stärke mixen. Das Hähnchen in das kochende Wasser geben und 10 Minuten garen. Danach am besten für 6 Stunden am Hals zum Trocknen aufhängen.

ZUBEREITUNG:

Den Ofen auf 180 °C vorheizen. Den Honig mit der Sojasauce, Sherry und dem Ingwer zu einer Glasur verrühren und das ganze Hähnchen damit innen und außen einreiben. Diese Prozedur eventuell nochmals wiederholen, bis das Hähnchen wie lackiert aussieht.

Das Hähnchen in einen ofenfesten, mit Wasser gefüllten Topf geben und in den Ofen schieben. Wichtig ist hierbei, dass die Brustseite des Hähnchens oben ist. Das Hähnchen 30 Minuten im Ofen garen, dann im Topf wenden und nochmals 30 Minuten garen. Ein letztes Mal das Hähnchen umdrehen und weitere 10 Minuten garen. Je länger das Peking-Hähnchen im Ofen verweilt, desto süßer wird es.

ANRICHTEN:

Das Peking-Hähnchen tranchieren und mit Krabbenchips, Koriander und Lauchzwiebeln garnieren.

ES GEHT AUCH OHNE EINBAUKÜCHE

GEFÜLLTER POULARDENFLÜGEL
auf Rahmspargel

À LA FRANK BUCHHOLZ

Poulardenflügel: 8 Poulardenflügel.................8 geschälte Riesengarnelen.................
gemahlener Koriander.................2 EL Pflanzenöl

Rahmspargel: je 300 g weißer und grüner Spargel, geschält.................500 ml Geflügelfond.................
1 TL Mehlbutter...............250 ml Sahne .... 1 Prise Zucker.................
1 Prise Cayennepfeffer .... ½ Bd. Schnittlauch, in Röllchen geschnitten

Krustentiersauce: 250 ml Scampi-Fond .... 250 ml Sahne

Meersalz und Pfeffer .... etwas Kerbel für die Dekoration

ZUBEREITUNG:

Poulardenflügel:
Backofen auf 200 °C vorheizen. Poulardenflügel bis zum Gelenk entbeinen, die Spitze komplett lassen. Garnelen mit Salz, Pfeffer und Koriander würzen. Je eine Garnele in einen entbeinten Flügel stecken, dann die Flügel salzen. Öl in einem Bräter erhitzen, die Flügel darin von beiden Seiten goldgelb anbraten und anschließend 3–4 Minuten im Ofen garen.

Rahmspargel:
Den geschälten Spargel in ca. 5 mm dicke Scheiben schneiden. Geflügelfond zum Kochen bringen, den Spargel kurz darin kochen, herausnehmen und in Eiswasser abschrecken. Einige Spargelspitzen für die Garnitur beiseitelegen. Fond auf ein Drittel einkochen. Mit Mehlbutter binden, etwa 1 Minute sprudelnd kochen lassen, dann Sahne und Spargel hinzufügen. Mit Salz, Pfeffer, Zucker und Cayennepfeffer abschmecken. Mit den Schnittlauchröllchen bestreuen.

Krustentiersauce:
Für die Krustentiersauce den Scampi-Fond mit der Sahne einkochen lassen. Vor dem Servieren mit einem Pürierstab kurz aufschäumen.

ANRICHTEN:

Den Rahmspargel in der Mitte des Tellers anrichten, je 2 Poulardenflügel daraufsetzen, mit der aufgeschäumten Krustentiersauce umgießen und mit Kerbelblättchen und den beiseitegelegten Spargelspitzen garnieren.

ZIEGE

SCHAF

LAMM

ZICKENALARM

FLEISCH VOM ZICKLEIN mit Süßkartoffeln
À LA CHAKALL

....

FÜR

....

EINIGE

HUNGRIGE

PERSONEN

....

1 kg Fleisch vom Zicklein.................Abrieb von 1 unbehandelten Orange.................Abrieb von 1 unbehandelten Zitrone.................Saft von ½ Orange.................süßes Paprikapulver Thymianzweig.................grobes Meersalz.................Olivenöl

Beilagen: Süßkartoffeln.................Fenchel.................Saft von ½ Zitrone.................Meersalz................. Olivenöl.................Rosmarinzweig.................Butter.................Zwiebel, gewürfelt.................Knoblauch

ZUBEREITUNG:

Das Fleisch vom Zicklein in eine Schüssel geben und mit der Hand mit Orangen- und Zitronenabrieb, Orangensaft, Paprikapulver, Thymian, Meersalz und Olivenöl vermengen. Gerne das Fleisch einen Tag vorher marinieren und kühl stellen, sodass die Marinade einwirken kann und das Fleisch zart wird. Anschließend das marinierte Zicklein-Fleisch in einer erhitzten Pfanne 8–12 Minuten kurz und scharf anbraten und aus der Pfanne nehmen.

Beilagen:
Die Süßkartoffeln in kleine Würfel schneiden und in eine Schüssel geben, die Knolle des Fenchels in grobe Streifen schneiden und auch in die Schüssel zu den Süßkartoffeln geben. Zitronensaft und etwas Meersalz sowie etwas Olivenöl dazugeben und alles mit der Hand vermengen. Zum Schluss den Rosmarinzweig im Ganzen untermengen. Das marinierte Gemüse mit Butter, Zwiebeln und Knoblauch in die heiße Pfanne geben, in der zuvor das Zicklein kurz angebraten wurde und garen, bis das Gemüse, je nach Geschmack, bissfest ist. Kurz vor dem Servieren auch das Fleisch vom Zicklein noch einmal für 3–5 Minuten mit in die Pfanne geben und alles zusammen gar köcheln lassen.

SCHAFSRÜCKENFILET mit Sauce Gribiche

À LA TARIK ROSE

Sauce Gribiche: 4 gekochte Eier................Senf................Salz ....Pfeffer................
Olivenöl................Essig................Schnittlauch................Kerbel, frisch gehackt

Schafsrückenfilets: 2 Filets vom Schafrücken................Olivenöl................Knoblauch
Abrieb von 1 unbehandelten Zitrone................Salz................Pfeffer

Croûtons: 200 g Weißbrot, z.B. Baguette................75 ml Olivenöl................Chili................
Salz................Knoblauch

ZUBEREITUNG:

Sauce Gribiche:
Für die Sauce Gribiche zuerst das gekochte Eigelb mit Senf, Salz und Pfeffer vermengen. Langsam Olivenöl einlaufen lassen und ständig rühren oder mörsern, bis eine gute Emulsion entstanden ist. Mit Essig und Kräutern abschmecken und evtl. eine Prise Zucker hinzufügen. Zuletzt das fein gewürfelte, gekochte Eiweiß dazugeben.

Croûtons:
Für die Croûtons das Weißbrot würfeln. In einer Pfanne das Olivenöl erhitzen und das Brot darin rösten. Mit Chili, Salz und Knoblauch nach Belieben würzen.

Schafsrückenfilet:
Das Schafsrückenfilet in dünne Scheiben schneiden und das Fleisch in einer heißen Pfanne von beiden Seiten kurz anbraten. Filets mit Salz würzen und mit Olivenöl marinieren. Den Knoblauch schälen und fein würfeln. Knoblauch zum Fleisch in die Pfanne geben und das Filet zuletzt mit Pfeffer und dem Zitronenabrieb verfeinern.

 PFEFFER IMMER ERST AM ENDE DAZUGEBEN, DAMIT DIESER NICHT IM VORFELD VERBRENNT.

ANRICHTEN:

Die Schafsrückenfilets direkt aus der Pfanne nehmen und das Fleisch auf einer Platte anrichten. Die Sauce Gribiche und die Croûtons dazugeben – und fertig ist das Gericht!

KOTELETT VOM MÜRITZLAMM

mit Kakao und Süßkartoffel-Apfel-Püree

À LA CHAKALL

Lammkoteletts (ohne Knochen)................Olivenöl zum Anbraten

Süßkartoffel-Apfel-Püree: 125 g ganze Zwiebeln.................250 g Äpfel.................
500 g Süßkartoffel................Koriander................Butter

Sauce: Butter................1 große Zwiebel................1 Knoblauchzehe................Mandeln,
längs halbiert................2 EL Kakaopulver................Rosé-Wein................Tomatenmark................
getrocknete Pfirsiche................200 ml Sahne................Chili nach Belieben................Zucker................
Zitronensaft................Koriander

Koriander................Salz................Pfeffer

ZUBEREITUNG:

Püree:
Den Ofen auf 200 °C vorheizen.

Die Zwiebeln schälen. Zwiebeln, Äpfel und Süßkartoffeln in Alufolie einwickeln und alles im Ofen garen. Die Äpfel und Zwiebeln brauchen ca. 25 Minuten, die Süßkartoffeln 40 Minuten. Anschließend die Zwiebeln in einen Topf geben. Die Süßkartoffeln und die Äpfel schälen, das Kerngehäuse der Äpfel entfernen. Süßkartoffeln und Äpfel mit der Zwiebel fein pürieren. Mit Salz, Pfeffer und Koriander abschmecken. Am Ende etwas Butter unterrühren.

Sauce:
Olivenöl in einer Pfanne erhitzen und die Koteletts darin kurz von einer Seite anbraten. Anschließend das Fleisch wieder aus der Pfanne nehmen und auf einen Teller beiseitelegen. Die Zwiebel in dicke Ringe schneiden. Die Butter mit den Zwiebeln, der Knoblauchzehe und den halbierten Mandeln in die Pfanne geben und mit dem Kakaopulver vermengen. Mit Rosé-Wein, Tomatenmark, getrockneten Pfirsichen und Sahne köcheln lassen. Wer es gerne schärfer mag, kann etwas Chili hinzugeben. Zum Schluss mit Salz, Zucker, Zitronensaft und Koriander abschmecken.

Lammkoteletts:
In einer weiteren Pfanne etwas Olivenöl erhitzen und die Lammkoteletts darin von der noch nicht angebratenen Seite ca. 2 Minuten scharf anbraten, kurz vor Ende der Garzeit noch einmal kurz wenden und mit Koriander würzen.

ANRICHTEN:

Die Lammkoteletts auf Teller verteilen, die Sauce darübergeben und das Püree dazu servieren. Mit Koriander bestreuen.

SCHÖN „SCHAF"!

SCHAFSRAGOUT

mit Stampf von Grillkartoffeln

À LA TARIK ROSE

Kartoffelstampf:
1½ kg große, mehligkochende Kartoffeln.................150 ml Olivenöl
Knoblauch nach Geschmack.................ca. ½ Bund Liebstöckel.................Salz und Pfeffer

Ragout:
ca. 1½ kg Schafskeule oder -schulter.................Salz.................1 EL Paprikapulver
Olivenöl.................ca. 500 g Zwiebeln.................400 g Karotten.................1 Lauchstange
400 g Pastinaken .... 2–3 Knoblauchzehen.................2 EL Tomatenmark
2 EL Paprikamark.................1 kg Strauchtomaten.................750 ml Rotwein
1 l Schafs- oder Lammfond.................Abrieb von 2 unbehandelten Zitronen
Meersalz.................Pfeffer.................4 Thymianzweige

---

ZUBEREITUNG:

Stampf von Grillkartoffeln:
Kartoffeln in Folie einwickeln und auf dem Grill oder im Ofen bei 160 °C garen.
Die fertigen Kartoffeln pellen und stampfen. Mit Salz, Pfeffer, Olivenöl
und gehacktem Liebstöckel abschmecken und servieren.

Ragout:
Das Fleisch von der Keule oder Schulter lösen und würfeln. Fleisch mit Salz, Paprikapulver
und Olivenöl würzen und in einem Topf oder Bräter anbraten.

Zwiebeln schälen und fein würfeln. Karotten und Pastinaken schälen und würfeln, Lauch halbieren,
gut waschen und in halbe Ringe schneiden. Zuerst die Zwiebeln, danach das restliche Gemüse zum Fleisch in den
Bräter geben. Knoblauch schälen und ebenfalls dazugeben.

Strauchtomate entkernen und grob würfeln. Tomatenmark, Paprikamark und die Strauchtomaten
ebenfalls zum Fleisch geben. Nach und nach mit Rotwein ablöschen und dabei immer wieder reduzieren lassen.
Alles mit Wasser, Schafs- oder Lammfond aufgießen. Am Ende mit Meersalz und Pfeffer würzen und ca. 45 Minuten
bei niedriger Temperatur braten lassen.

ANRICHTEN:

Ragout auf einem Teller anrichten und vor dem Servieren mit Zitronenabrieb und klein gehacktem Thymian bestreuen,
mit Salz und Pfeffer abschmecken und fertig! Dazu den Kartoffelstampf reichen.

SPIESSE VOM LAMMFILET

mit gerührter Polenta und Gemüse

À LA FRANK BUCHHOLZ

Polenta: 100 ml heller Kalbsfond.................200 ml Milch.................2 Rosmarinzweige.................
Muskat.................4 EL Polenta (Maisgrieß).................1 Stich Butter.................1 EL Mascarpone

Ofentomaten: 10 vollreife Tomaten.................1 junge Knoblauchknolle.................Olivenöl zum
Bestreichen und Beträufeln.................Cayennepfeffer.................Zucker.................
2 Rosmarinzweige, zerteilt.................2-3 Thymianzweige.................2-3 Basilikumzweige

Lammfilets: 320 g Lammfilet, pariert.................60 g Ofentomaten.................Öl zum Anbraten.................
1 EL Butter.................8 EL Lammfond

Gemüse: je 1 kleine rote und gelbe Paprikaschote.................2 EL Butter

Kräuterbutter: 1 EL weiche Butter.................1 Msp. Senf.................1 Msp. fein gewürfelter
Knoblauch.................1 TL geschnittene Kräuter (Thymian, Rosmarin, Blattpetersilie).................
Meersalz und schwarzer Pfeffer aus der Mühle

ZUBEREITUNG:

Polenta:
Milch und Kalbsfond in einen Topf geben und mit Rosmarin, Salz, Pfeffer und Muskat würzen. Die Milch-Fond-Mischung aufkochen, durch ein Sieb passieren und die Flüssigkeit in einem weiteren Topf auffangen. Die Flüssigkeit zum Kochen bringen, Butter zugeben und unter ständigem Rühren die Polenta einstreuen. Dann auf niedriger Hitze zugedeckt etwa 30-40 Minuten quellen lassen, dabei immer wieder umrühren. Zum Schluss Mascarpone unterrühren, abschmecken und bis zum Servieren warm halten.

Ofentomaten:
Den Ofen auf 80°C vorheizen. Für die Ofentomaten die Tomaten erst blanchieren, häuten, vierteln und entkernen. Von der Knoblauchknolle 1 Zehe ablösen, halbieren, ein großes Backblech damit einreiben und mit etwas Öl bestreichen. Die Tomaten nebeneinander darauflegen, mit Salz, Cayennepfeffer und einem Hauch Zucker würzen und mit etwas Olivenöl beträufeln. Die übrige Knoblauchknolle in sehr dünne Scheiben schneiden und samt den Kräutern über den Tomaten verteilen. Im Ofen etwa 3 Stunden trocknen lassen. Anschließend Knoblauch und Kräuter entfernen.

Lammfilets:
Den Ofen auf 160°C vorheizen.
Das Lammfilet in 12 gleich große Stücke schneiden, salzen und pfeffern. Abwechselnd mit den Ofentomaten auf 2 lange Holzspieße stecken und in einer Pfanne in sehr heißem Öl auf beiden Seiten ganz kurz anbraten. Dann auf einem Rost mit einem Blech darunter im Ofen etwa 5 Minuten garen. Herausnehmen und einige Minuten ruhen lassen. Die Holzspieße nach dem dritten Filet durchschneiden, sodass 4 Spieße entstehen. Die Butter in einer großen Pfanne erhitzen und die Spieße in der heißen Butter schwenken. Den Lammfond erhitzen.

Gemüse:
Die Paprikaschoten mit einem Sparschäler schälen, jeweils vierteln und entkernen. Die Butter erhitzen, Paprika darin schwenken und mit Salz und Pfeffer würzen.

Kräuterbutter:
Die weiche Butter mit Senf, Knoblauch und Kräutern verrühren.

ANRICHTEN:

Die Polenta auf vier Tellern verteilen und jeweils einen Lammspieß aufsetzen. Mit dem Gemüse umlegen und mit dem Lammfond umgießen. Die Kräuterbutter auf dem heißen Fleisch zerlaufen lassen.

LAMM AUS DEM OFEN MIT SPARGEL
À LA TARIK ROSE

1½–2 kg Lammkeule................Meersalz................Olivenöl

Marinade: Fenchelsaat................langer Bergpfeffer................Ras el-Hanout
Piment d'Espelette................Meersalz

Gemüse: 250 g Kirschtomaten mit Grün................Olivenöl................Knoblauch
Basilikum (Blätter und Stiele)................Apfelsüße (alternativ Zucker)................Salz und Pfeffer
1 kg Spargel................3–4 rote Zwiebeln
Knoblauch................Saft und abgeriebene Schale von 1 unbehandelten Zitrone
Thymian................Basilikum................Salz und Pfeffer

1 Ciabattabrot................Olivenöl................1–2 Knoblauchzehen

VORBEREITUNG:

Fenchelsaat, langen Bergpfeffer, Ras el-Hanout, Piment d'Espelette und Meersalz mit einem Mörser klein stampfen.
Die Lammkeule mit grobem Meersalz einreiben und das Salz eine halbe Stunde einziehen lassen
anschließend das Lamm marinieren. Den Ofen auf 75–80°C vorheizen (für die etwas schnellere Variante
je nach Dicke der Keule auf 120–160°C vorheizen, so muss das Lamm nur 1½–2 Stunden garen).

ZUBEREITUNG:

Die Lammkeule auf einer Seite mit Olivenöl in einer Pfanne anbraten, aus der Pfanne nehmen
und die Pfanne für die spätere Verwendung noch nicht ausspülen.

Marinade:
Lammkeule erneut mit der Marinade einreiben und 4–5 Stunden
im Ofen braten (1½ –2 Stunden bei 120–160°C). Die übrige Marinade aufbewahren.

Kirschtomaten:
Die Schalen der Kirschtomaten mit einer scharfen Messerspitze leicht anstechen. In der Pfanne, in der zuvor die
Lammkeule angebraten wurde, etwas Olivenöl erhitzen und die Tomaten darin zusammen mit Knoblauch, Salz und
Basilikum bei scharfer Hitze kurz anbraten, dann die Hitze reduzieren und köcheln lassen.
Für die Süße die Tomaten noch mit etwas Apfelsüße (alternativ Zucker) abschmecken.

Spargel:
Den Spargel schälen (ab ca. 1 cm von der Spitze aus gerade herunter), schräg in ca. 2 cm lange Stücke schneiden
und in etwas Öl anbraten. Zwiebeln schälen, klein schneiden und zum Spargel geben. Mit Apfelsüße, frisch gepresstem
Knoblauch und ein wenig Zitronensaft abschmecken. Anschließend mit Salz, Pfeffer und Thymian würzen.

Sauce:
Zu der übrig gebliebenen Marinade etwas Zitronenabrieb,
Thymian, Zitronensaft sowie Olivenöl geben und alles miteinander verrühren.

Ciabatta:
Das Ciabatta in dünne Scheiben schneiden und würfeln. Den Knoblauch schälen und fein würfeln. In einer Pfanne etwas
Olivenöl erhitzen und Brot und Knoblauch darin knusprig braten. Mit Salz und Pfeffer würzen.

ANRICHTEN:

Die Lammkeule und den Spargel auf einem Teller anrichten und mit der Sauce und dem Bratenfond beträufeln.
Zusammen mit den Kirschtomaten und den gebratenen Weißbrotwürfeln servieren.

NICHT KLECKERN, KLOTZEN!

GANZES LAMM MIT COUSCOUS
À LA CHAKALL

....
FÜR
....
EINIGE
HUNGRIGE
PERSONEN
....

1 ganzes Lamm.................Thymian

Lamm-Marinade (am besten 1–2 Tage vorher zubereiten): Saft von ca. ½ kg unbehandelten
Zitronen.................Olivenöl.................trockener Weißwein.................500 g flüssiger Honig.................
Senf.................Koriander.................Knoblauch.................Salz

Couscous: Zwiebeln.................Butter.................Knoblauch.................
Currypulver.................Zimt.................Couscous.................Orangensaft.................
je 1 rote, gelbe und grüne Paprika

Kirschtomaten.................Rosmarin.................Salz

VORBEREITUNG:

Marinade:
Zitronensaft, Olivenöl, Weißwein, Senf und Koriander in ein Gefäß geben und mit einem Mixer zu einer sämigen Masse verrühren. Knoblauch klein schneiden und mit dem Salz zur Marinade geben, alles weiter mit dem Mixer verrühren. Am besten sollte die Marinade 1 bis 2 Nächte richtig durchziehen.

ZUBEREITUNG:

Couscous:
Die Zwiebeln schälen und fein hacken. Die Butter in einem heißen Topf richtig schaumig schlagen. Dann die Zwiebeln hinzugeben, aber nicht glasig werden lassen. Ein wenig Knoblauch, Curry und ein bisschen Zimt zur schaumigen Butter geben. Dann den Couscous hinzufügen. Mit heißem Wasser und Orangensaft aufgießen. Für den frischen Geschmack ganze Zitronen mit Schale zum Couscous geben.

Rote, gelbe und grüne Paprika würfeln, in einer Pfanne kurz anschwitzen und unter den Couscous heben.

Lamm:
Ofen auf 120–160°C vorheizen.
Zuerst die Lymphknoten direkt am Muskel (Oberschenkel aufschneiden) entfernen.

➥ **DIE LYMPHKNOTEN SORGEN FÜR EINEN SAUREN UND BITTEREN FLEISCHGESCHMACK.**

Das Lamm in seine Bestandteile zerlegen und in eine große Schüssel geben. Etwas Marinade als Sauce für den Schluss beiseitestellen, den Rest mit dem Thymian (nicht zerkleinert) vermischen und mit dem Fleisch vermengen. Alles in einen großen Topf geben und für eine goldige Kruste heiß anbraten. Danach das Fleisch auf einem Blech in den Ofen geben und für ca. 1 ½ Stunden bei mittlerer Hitze garen.

Kirschtomaten:
Die Kirschtomaten halbieren und für die letzte halbe Stunde zum Lamm auf das Blech geben. Anschließend mit etwas Rosmarin bestreuen.

ANRICHTEN:

Je eine Portion Couscous auf einen Teller geben, mit Paprikastreifen und den im Ofen gebackenen Kirschtomaten verzieren, ein Stück Fleisch dazu anrichten und mit der übrigen Marinade beträufeln.

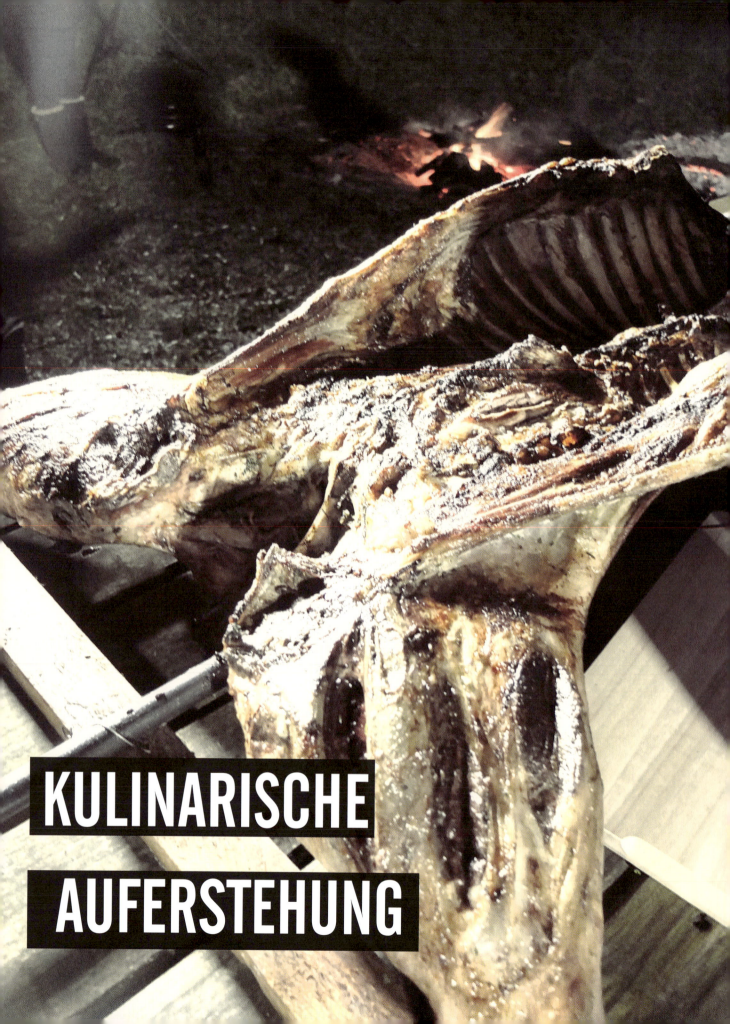

KULINARISCHE

AUFERSTEHUNG

JESUSSCHAF
À LA CHAKALL

1 Schaf.................grobes Meersalz

Marinade:
Olivenöl.................Petersilie.................Kreuzkümmel
Knoblauch.................Butter.................Chili

Chips:
Maniokwurzel.................Salz

ZUBEREITUNG:

➡ ACHTUNG, WICHTIG!
DEM GANZEN SCHAF MÜSSEN ZUERST DIE LYMPHGEFÄSSE KOMPLETT ENTNOMMEN WERDEN,
DENN LYMPHE VERBREITET EINEN SAUREN GESCHMACK.

Das Schaf mit grobem Meersalz einreiben.
Die Zutaten für die Marinade klein hacken und in einer Schüssel gut verrühren oder mörsern.
Die Marinade mit einem Pinsel gleichmäßig auf dem Schaf verteilen.

Das Schaf muss insgesamt 6 Stunden bei konstanter Hitze grillen.
Wichtig hierbei: Das Schaf sollte jede Stunde gewendet werden,
damit es an von allen Seiten gleich kross wird.
Nach 5 Stunden das Schaf erneut mit der Marinade und zusätzlich etwas Butter bestreichen.

Für die Chips den Maniok schälen und in gleich große,
dünne Streifen schneiden und in heißem Fett frittieren.
Mit Salz würzen – fertig sind die Maniok-Chips.

WILD

BURGER VOM HIRSCHKALB

À LA CHAKALL

Patty: 600 g Hirschkalb (alternativ Rind oder Kalb)................150 g Paniermehl................
1 rote Zwiebel................1 geschälter und geriebener Apfel................1 EL Harissa*................
1 Prise Cayenne-Pfeffer................1 rote Chili................1 EL brauner Zucker................
Liquid Smoke (für rauchiges Aroma)

Sauce: 1 Knoblauchzehe................Olivenöl................2 EL Ketchup................
3 EL Kirschmarmelade................Prise brauner Zucker................Prise Salz

Außerdem: 3 dünne Scheiben Bacon................3 Brötchen................Senf................
3 Scheiben Briekäse................3 Scheiben Tomate

ZUBEREITUNG:

Patty:
Das Hirschkalbfleisch durch einen Fleischwolf drehen, sodass Hackfleisch entsteht. Alle übrigen Patty-Zutaten zum Fleisch geben und zu einer festen Masse vermengen. Das Gehackte mit einem feuchten Leinentuch abdecken und ca. 1 Stunde ruhen lassen, damit alle Zutaten einziehen können. Anschließend das Fleisch zu drei Frikadellen formen, etwas platt drücken und auf dem Grill garen.

Sauce:
Die Knoblauchzehe schälen. Knoblauch mit Olivenöl, Ketchup und Kirschmarmelade mit 50 ml Wasser einkochen. Anschließend mit braunem Zucker und Salz abschmecken und mit einem Pürierstab vermischen.

ANRICHTEN:

Die Bacon-Scheiben auf den Grill legen, bis sie knusprig braun sind. Je eine Brötchenhälfte mit Senf bestreichen und den Patty darauflegen. Je eine Scheibe Briekäse, eine Tomatenscheibe und eine knusprige Scheibe Bacon darauflegen. Zum Abschluss die Sauce darübergeben, die zweite Brötchenhälfte auflegen und servieren.

Harissa:
Diese feurige Gewürzpaste wird in Tunesien, Algerien und Marokko in Gemüse- und Fleischeintöpfen verwendet, die zu Couscous gereicht werden. Darüber hinaus ist Harissa aber auch ein Allround-Gewürz, das ständig auf dem Tisch steht. Es besteht aus Chili, Kreuzkümmel, Koriandersamen, Knoblauch, Salz und Olivenöl.

Rosa Gebratenes aus der

HIRSCHKALBSKEULE

mit Specklinsen

À LA TARIK ROSE

1 Hirschkalbskeule................Meersalz................Pfeffer................Olivenöl
2 EL Butter................frischer Thymian und Estragon
frische glatte Petersilie................schwarzer Pfeffer
etwas Abrieb von 1 unbehandelten Zitrone
200 g Kirschtomaten

Specklinsen:
150 g Berglinsen................150 g Belugalinsen................150 g rote Linsen
150 g gelbe Linsen................300 g durchwachsener Speck am Stück
100 g Schalotten................2 Karotten................2 Pastinaken
Knoblauch................Tomatenmark
150 ml Balsamico-Essig................500 ml Brühe................Olivenöl................Rosmarin
Thymian................Honig................Salz und schwarzer Pfeffer

ZUBEREITUNG:

Den Ofen auf ca. 80 °C, je nach Größe der Hirschkeule, vorheizen.
Die Keule zerlegen und mit Meersalz würzen. Anschließend mit Olivenöl marinieren
und in einer heißen Pfanne ca. 3 Minuten von beiden Seiten anbraten.
Die Keule in einem tiefen Blech für 10 Minuten garen.
Den Thymian und Estragon sowie die Petersilie fein hacken und mit Butter,
Zitronenabrieb und Pfeffer vermischen. Keule wieder herausnehmen und noch einmal kurz auf allen Seiten in Butter
nachbraten und in der Kräuterbutter wenden. Anschließend weitere 20 Minuten im Ofen garen.
Die Schale der Kirschtomaten anstechen, Tomaten mit etwas Salz würzen und zum Fleisch geben.

Specklinsen:
Die verschiedenen Linsensorten in ungesalzenem Wasser vorkochen.
Den Speck würfeln und anbraten, die Schalotten schälen, ebenfalls würfeln und dazugeben.
Das Gemüse schälen und würfeln und mit Knoblauch und Tomatenmark zum Speck hinzugeben.
Das Ganze mit Balsamico-Essig ablöschen und reduzieren lassen,
anschließend mit der Brühe auffüllen. Nachdem alles einkocht ist, die Linsen hinzufügen.
Mit Gewürzen und fein gehackten Kräutern abschmecken.
Nach Belieben etwas Honig dazugeben.

ANRICHTEN:

Das Fleisch in Scheiben schneiden
und auf einem Bett aus Specklinsen servieren.

ICH HAB

RÜCKEN

HIRSCHKALBSRÜCKEN

unter der karamellisierten Walnuss-Pinienkern-Kruste

mit Rote-Bete-Püree

À LA FRANK BUCHHOLZ

30 g Butter.................15 g Pumpernickel, klein zerbröselt.................45 g Weißbrotbrösel
25 g Walnüsse, karamellisiert.................15 g Pinienkerne, karamellisiert
4 bratfertige Hirschkalbsrückensteaks à 150 g.................etwas Öl zum Braten
Butterflocken zum Bestreuen.................Salz und Pfeffer

Wildsauce: 3 EL Erdnussöl .... 2 kg Knochen und Abschnitte von Haar- oder Federwild, klein-
gehackt.................150 g Karotten, in Scheiben geschnitten.................150 g Zwiebeln, grob zerteilt
½ Knoblauchknolle, quer durchgeschnitten.................500 ml Rotwein (vorzugsweise Côtes du Rhône)
500 ml Kalbsfond.................8 Wacholderbeeren, zerdrückt.................8 Korianderkörner, zerdrückt
1 Bouquet garni mit 2 Salbeiblättern und 1 Stück Staudensellerie

Sauce: 40 g Butter.................5 g Latschenkiefernadeln.................1 EL Honig
100 ml ungesüßter Holundersaft.................300 ml Wildsauce.................Salz.................Pfeffer

Rote-Bete-Püree: 400 g gekochte Rote Bete.................100 g gekochte Kartoffeln
40 g zerlassene Butter.................Zucker.................evtl. 1 Spritzer Essig

ZUBEREITUNG

ZUBEREITUNG:

Den Ofen auf 68 °C vorheizen.
Die Butter mit den Pumpernickelbröseln, Weißbrotbröseln,
Walnüssen und Pinienkernen vermischen und so eine Kruste herstellen.
Das Fleisch mit Salz und Pfeffer würzen und ganz kurz in einer heißen Pfanne von allen Seiten anbraten.
Dann herausnehmen, auf ein Backofengitter setzen,
mit der Kruste belegen und anschließend für ca. 2 Stunden in den Backofen schieben.

Wildsauce:
Für die Wildsauce den Backofen auf 220 °C vorheizen. Das Öl im Bräter erhitzen,
die Wildknochen und -abschnitte hineinlegen und im heißen Backofen rösten,
zwischendurch mit einem Schaumlöffel wenden.
Sobald die Wildabschnitte kräftig gebräunt sind, Karotten,
Zwiebeln und Knoblauch untermischen und 5 Minuten mitbraten.

Mit einem Schaumlöffel den Inhalt des Bräters in einen großen Topf oder eine Kasserolle geben.
Überschüssiges Fett aus dem Bräter abgießen und den Bratensatz mit dem Rotwein ablöschen.
Bei starker Hitze die Flüssigkeit um die Hälfte reduzieren, anschließend in den Topf zum Gemüse gießen.
Mit 2 l kaltem Wasser aufgießen und bei starker Hitze aufkochen lassen.
Die Temperatur herunterschalten und die Flüssigkeit bei schwacher Hitze 10 Minuten köcheln lassen,
den Schaum abschöpfen und Kalbsfond, Wacholderbeeren, Korianderbeeren,
Salbei und Sellerie mit in den Topf geben.
Bei geringer Hitze offen 2 Stunden köcheln lassen, ggf. zwischendurch abschäumen.
Den Wildfond durch ein feines Sieb geben und so schnell wie möglich erkalten lassen, z.B. im Eiswasserbad.
Falls ein intensiverer Geschmack gewünscht wird, den abgesiebten Fond weiter einkochen,
bis sich die Flüssigkeit um ein Drittel reduziert hat.

Sauce:
Für die Sauce die Butter schmelzen, die Latschenkiefernadeln zugeben und leicht anschwitzen.
Mit dem Honig leicht karamellisieren, dann mit dem Holundersaft auffüllen und auf die Hälfte reduzieren.
Anschließend mit der Wildsauce aufgießen, kurz aufkochen
und mit Salz, Pfeffer und Honig abschmecken.

ANRICHTEN:

Das Rote-Bete-Püree in der Mitte des Tellers anrichten,
den Hirschkalbsrücken auf das Püree setzen und mit der Sauce angießen.

AUCH EIN

HEISSES BUNNY

KANINCHENRAGOUT
mit Lagerfeuerkartoffeln

À LA FRANK BUCHHOLZ

4 sehr große Kartoffeln................Meersalz

1 mittelgroßes Kaninchen................Salz................Pfeffer................Olivenöl................
Rosmarin................Thymian................Zwiebeln................Sellerie................Tomatenmark................
Tomaten................Weißwein

Sauerrahm................Preiselbeeren

ZUBEREITUNG:

➡ NACH DER SCHLACHTUNG WIRD DAS KANINCHEN AN DEN HINTERLÄUFEN ZUSAMMENGEBUNDEN UND AUFGEHÄNGT. DIE INNEREIEN WERDEN KOMPLETT ENTNOMMEN, DAS FELL WIRD ABGEZOGEN.

Die Kartoffeln ordentlich abschrubben, mit grobem Meersalz in Alufolie einwickeln und ca. 45 Minuten in der Glut des Lagerfeuers garen.

Kaninchen an den Gelenken zerteilen, anschließend den Rumpf in gleich große Stücke teilen und in einer Pfanne mit etwas Öl scharf anbraten. Mit Rosmarin, Thymian, Olivenöl, Salz und Pfeffer würzen.

Zwiebeln und Sellerie schälen und in etwa 1 x 1 cm große Würfel schneiden. Nach dem Anrösten des Kaninchens Zwiebeln und Sellerie mit in die Pfanne geben und noch einmal mit Rosmarin, Thymian, Salz und Pfeffer nachwürzen. Die Tomaten vierteln und den Strunk entfernen. Das Tomatenmark hinzugeben und ganz zum Schluss kurz die Tomaten mitbraten.

Kaninchen und Gemüse mit spritzigem deutschen Weißwein ablöschen und alles ca. 45 Minuten im Sud bei geringer Hitze köcheln lassen. Kräuter, die sich grau verfärbt haben, dabei immer wieder durch frische Kräuter ersetzen. Zum Abschluss noch einmal mit Salz und Pfeffer nachwürzen.

ANRICHTEN:

Das Ragout in tiefe Teller verteilen und mit Sauerrahm, Preiselbeeren und gehackten Kräutern servieren.

JÄGERSCHNITZEL VOM WILDSCHWEIN
mit Champignons
À LA FRANK BUCHHOLZ

Jägerschnitzel:
4 Schnitzel aus der Wildschweinhüfte à 180 g.................Mehl.................1 Ei, verquirlt
Paniermehl.................Butterschmalz zum Ausbacken

Champignonsauce:
150 g frische Champignons.................30 g Butter.................300 g Schmand

Salat mit Balsamico-Dressing:
1 Kopfsalat, geputzt.................100 ml Rapsöl.................65 ml heller Balsamico-Essig
35 g mittelscharfer Senf.................50 g Zucker.................Meersalz
schwarzer Pfeffer aus der Mühle.................150 ml mildes Olivenöl

ZUBEREITUNG:

Jägerschnitzel:
Die Wildschweinschnitzel mit einem Plattiereisen zwischen 2 Lagen Frischhaltefolie dünn klopfen.
Anschließend mit Salz und Pfeffer würzen, in Mehl wenden, durch das verquirlte Ei ziehen und in das Paniermehl legen,
weiteres Paniermehl darüberstreuen. Die Panierung nicht zu stark andrücken, da sonst der Soufflé-Effekt
beim Ausbacken nicht stattfindet. Die Schnitzel am besten einzeln in einer Pfanne in reichlich Butterschmalz bei
mittlerer Hitze goldgelb backen und dabei die Pfanne immer schieben und ziehen,
sodass das heiße Butterschmalz wie Wellen über das
Schnitzel gleitet. Anschließend auf Küchenpapier abtropfen lassen.

Champignonsauce:
Für die Sauce die Champignons putzen, in dünne Scheiben schneiden, in einer Pfanne in der Butter anschwitzen
und mit Salz würzen. Schmand zugeben und etwa 2–3 Minuten leicht köcheln lassen.

Balsamico-Dressing:
Für das Balsamico-Dressing alle Zutaten bis auf das Olivenöl mit 30 ml Wasser in einen Mixer geben,
mit Salz, Pfeffer und Zucker abschmecken. Während der Mixer läuft, das Olivenöl nach und nach einfließen lassen,
bis eine Emulsion entsteht.

ANRICHTEN:

Die Wildschweinschnitzel auf Teller legen und mit der Champignonsauce überziehen.
Den geputzten Kopfsalat mit dem Balsamico-Dressing marinieren und dazureichen.

HALLALI SAU TOT

WILDSCHWEIN-BOLOGNESE

mit Süßkartoffel-Gnocchi

À LA CHAKALL

Bolognese: Olivenöl.................1 Zwiebel, klein gehackt.................2 Knoblauchzehen.................
600 g Wildschwein (am besten Filet), durch den Fleischwolf gedreht.................2 Tomaten, gewürfelt

Süßkartoffel-Gnocchi: 750 g Süßkartoffeln.................300 g Mehl.................30 g Butter.................
1 Ei.................Olivenöl

Basilikum zum Servieren

ZUBEREITUNG:

Bolognese:
Das Olivenöl langsam in der Pfanne erhitzen. Erst die Zwiebeln darin glasig dünsten, dann den Knoblauch hinzugeben, anschließend das Fleisch anbraten und dabei immer wieder umrühren. Zuletzt die Tomatenwürfel hinzugeben. Alles zusammen auf kleiner Flamme braten.

Gnocchi:
Den Ofen auf 180 °C vorheizen.Die Süßkartoffeln in Alufolie legen und im Ofen für 50 Minuten backen. Sehr wichtig: Die Süßkartoffeln zuerst abkühlen lassen, dann schälen. Mehl, Butter, Ei und Olivenöl mit den Süßkartoffeln vermischen und alles zusammen pürieren, sodass ein dicker Teig daraus entsteht. Den Teig zu kleinen Gnocchi rollen und kurz in der Bolognese schwenken.

ANRICHTEN:

Gnocchi mit der Bolognesesauce in tiefen Tellern anrichten und mit frischem Basilikum garnieren.

SCHWEINEGEILER
BURGER
SCHMECKT SAUGUT

Burger aus der

WILDSCHWEINKEULE

vom Frischling oder Überläufer

À LA TARIK ROSE

Wildschweinkeule:
2,5 kg Wildschweinkeule................Meersalz................Olivenöl zum Anbraten
Balsamico-Essig................Ras el-Hanout................Knoblauch................marokkanische Salzzitrone
Estragon................Honig................Rotwein nach Belieben

Gewürzmayonnaise:
2 Eigelb................50 ml Olivenöl................Saft und etwas Abrieb von
2 unbehandelten Limetten................Knoblauch................Estragon, fein gehackt................Chili

Ciabatta-Brot ohne Sesam................Olivenöl................Knoblauch
Salz................Pfeffer................Tomaten................rote Zwiebel, in Ringe geschnitten
schwarze Oliven, in Scheiben geschnitten

ZUBEREITUNG:

Wildschweinkeule:
Den Ofen auf 160°C vorheizen. Die Wildschweinkeule mit grobem Meersalz würzen,
in Olivenöl von allen Seiten anbraten. Den Balsamico-Essig, Ras el-Hanout, Knoblauch, marokkanische Salzzitrone,
Estragon und Honig zu einer Marinade verrühren. Die Keule damit einreiben und
anschließend in einem großen Bräter noch einmal von allen Seiten anbraten.
Die Wildschweinkeule 35 Minuten im Ofen garen, anschließend die Temperatur auf 80°C reduzieren
und weitere 45 Minuten ruhen lassen. Wer etwas mehr Flüssigkeit haben möchte, kann Rotwein an die Keule gießen.

Gewürzmayonnaise:
Für die Gewürzmayonnaise in einem etwas höheren Behältnis 2 Eigelb mit einem Rührgerät
oder Schneebesen schlagen. Nach und nach das Olivenöl, den Limettensaft und etwas Limettenabrieb hinzugeben
und alles verquirlen. Knoblauch, Estragon und Chili unterrühren.

Ciabatta-Brot:
Das Ciabatta-Brot halbieren, die Innenseiten mit Olivenöl bestreichen und auf dem Grill kurz anrösten. Mit Salz und
Pfeffer würzen.

Gegrillte Tomaten:
Die Tomaten in Scheiben schneiden und auf einer Lage Alufolie kurz grillen.

ANRICHTEN:

Das zarte Fleisch von der fertig gegarten Keule herunterschneiden und je nach Hunger und Belieben in die
Ciabattahälften legen. Mit den gegrillten Tomaten, roten Zwiebeln und Oliven belegen und mit der selbst gemachten
Gewürzmayonnaise würzen.

SCHEIBEN VOM STRAUSSENSTEAK

mit Koriander, Limette und Chili
auf gebratenem Hopfenspargel und Erdnüssen

À LA FRANK BUCHHOLZ

Straußensteak:
500 g Straußenbrust, sauber pariert

Koriandersauce:
Saft und abgeriebene Schale von 3 unbehandelten Limetten.................1 EL Honig
2 EL Sojasauce.................20 ml Sesamöl...............20 g weiße Sesamkörner, geröstet
30 g Korianderblätter, fein gehackt.................5 g frische rote Chili, fein gehackt

Hopfenspargel:
250 g Hopfenspargel................50 g Butter.................50 g Erdnüsse, geröstet und gehackt

Meersalz
schwarzer Pfeffer aus der Mühle

ZUBEREITUNG:

Straußenbrust in 4 gleich große Steaks schneiden, mit Salz und Pfeffer würzen.
Die Steaks auf dem Grill von jeder Seite 2 Minuten grillen, anschließend 10 Minuten ruhen lassen.

Koriandersauce:
Limettensaft und -schale, Honig, Sojasauce, Sesamöl, Sesamkörner,
Koriander und Chili zu einer Sauce verrühren.

Hopfenspargel:
Die Butter in einer Pfanne aufschäumen lassen und den Hopfenspargel darin braten.
Kurz bevor der Spargel bissfest ist,
die Erdnüsse zugeben und mit Salz und Pfeffer würzen.

ANRICHTEN:

Die Steaks in dünne Scheiben schneiden und fächerartig auf die Teller legen.
Koriandersauce darübergeben und den Hopfenspargel mit den Erdnüssen darauf verteilen.

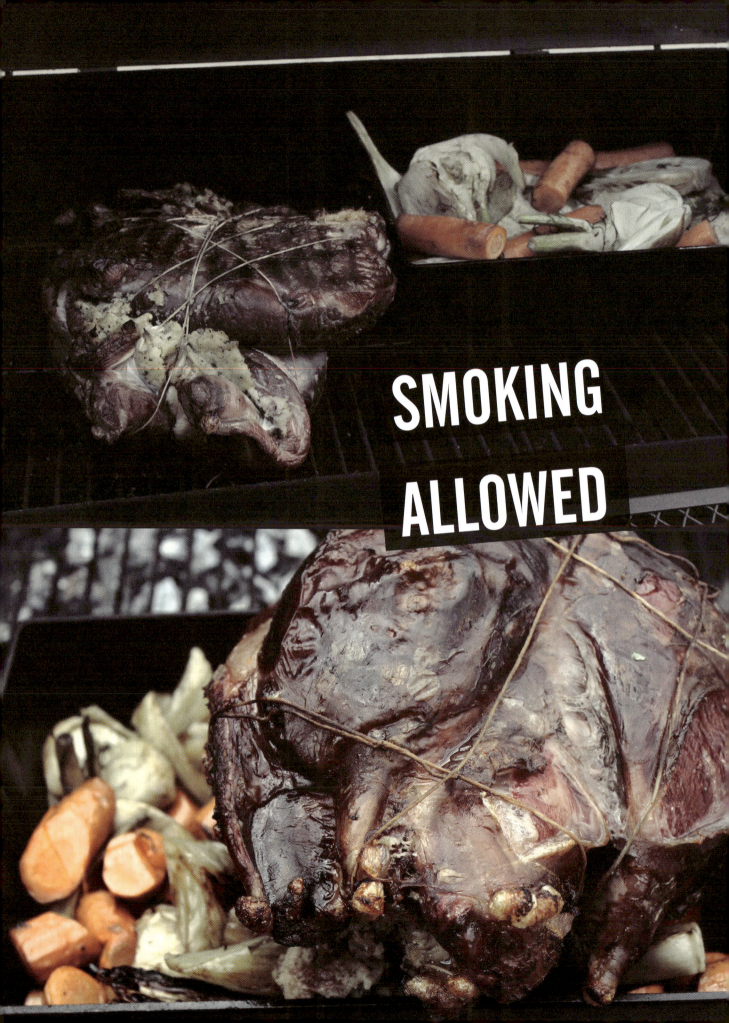

SMOKING
ALLOWED

GEFÜLLTES STRAUSSENBEIN

aus dem Smoker

À LA CHAKALL

2 x Bein vom Strauß................1 Weißbrot (gerne regionaltypisch) oder 1 Milchbrötchen
4 Knoblauchzehen................Koriander................Minze................Olivenöl................1 Ei
Saft von 1 Zitrone................Karotten................Fenchel................grobes Salz

Sauce: 400 g Champignons................2 Knoblauchzehen................Fenchel
Baconscheiben................Olivenöl................Koriander................Petersilie................Minze
Salz................Honig

Kochfaden

ZUBEREITUNG:

Alle Sehnen am Straußenfleisch entfernen. Das Fleisch salzen, dazu am besten grobes Salz verwenden.

Füllung:
Die Kruste vom Weißbrot wegschneiden (oder ein Milchbrötchen verwenden), das Weiche würfeln und in eine Schüssel geben. Die Knoblauchzehen schälen, hacken und mit Koriander, Minze, Olivenöl, Ei und etwas Zitronensaft zu den Weißbrotwürfeln geben. Alle Zutaten mit der Hand oder dem Stabmixer vermengen.

DAS WICHTIGSTE IST: MIT VIEL LIEBE KOCHEN!

Den Backofen oder Smoker auf 160 °C vorheizen.
Die Masse in die Straußenbeine füllen und alles mit einem Kochfaden wie ein kleines Paket verschnüren.
Das Straußenfleisch 3 Stunden in einem Smoker oder Backofen garen.

Gemüse:
Die Karotten schälen. Den Fenchel putzen und in grobe Stücke schneiden. Karotten und Fenchel in eine Auflaufform legen, etwas Olivenöl, Salz und Zitronensaft dazugeben, und die Gemüsemischung während der letzten 40 Minuten Garzeit des Fleisches im Smoker oder Backofen mitgaren.

Sauce:
Die Champignons halbieren, die Knoblauchzehen schälen und fein hacken.
Den Fenchel und die Baconscheiben in feine Streifen schneiden, alles zusammen in eine heiße Pfanne mit Olivenöl geben und bei starker Hitze anrösten. Koriander, Petersilie und Minze klein hacken und zusammen mit einer Prise Salz ebenfalls in die Pfanne geben und kurz erhitzen.
Mit Honig abschmecken.

ANRICHTEN:

Den Faden zerschneiden, das Straußenbein zerteilen, auf Teller verteilen und mit der Sauce übergießen.
Mit dem Gemüse servieren.

FISCH & MEERES-FRÜCHTE

AAL-CAPONE-BURGER
À LA FRANK BUCHHOLZ

Schnittlauchschmand:
80 g Schnittlauch
150 g Schmand
etwas Olivenöl
Meersalz
frisch gemahlener Pfeffer

4 Laugenstangen oder -brötchen

200 g Räucheraal, filetiert
8 dünne Scheiben Parmaschinken à 25 g
4 Radieschen, in feine Scheiben geschnitten
1 Schale Gartenkresse

ZUBEREITUNG:

Für den Schnittlauchschmand zunächst
den Schnittlauch in feine Röllchen schneiden
und dann zusammen mit dem Schmand, Olivenöl,
Salz und Pfeffer verrühren und abschmecken.

Die Aal-Filets passend zur
Größe der Laugenstangen
zuschneiden.

ANRICHTEN:

Die Laugenstangen halbieren,
mit dem Schnittlauchschmand bestreichen.
Die Aal-Filets auf den Hälften
verteilen, je zwei Scheiben Parmaschinken
auf ein Brötchen legen.
Radieschenscheiben darauf verteilen
und mit Kresse bestreuen.

DER
CHAK-AAL-BURGER

CHAK-AAL-BURGER

À LA CHAKALL

---

200 g Räucheraal.................Mayonnaise.................1 Eigelb
ca. 125–250 ml Olivenöl.................1 TL Zucker.................1 TL Senf
Salz.................Rotweinessig
frischer Koriander .... 1 TL Wasabi

4 Burger-Brötchen
2 Tomaten.................1 Salatgurke.................1 rote Zwiebel
Olivenöl

ZUBEREITUNG:

Für die Mayonnaise das Eigelb mit Olivenöl, Zucker, Senf,
Salz und Rotweinessig zu einer homogenen Masse verrühren.
Mayonnaise mit Koriander und Wasabi verfeinern.

Die Tomaten und die Gurke in Scheiben schneiden.
Die rote Zwiebel in feine Ringe schneiden.
Reichlich Olivenöl in einer Pfanne erhitzen
und die Zwiebeln darin frittieren.

ANRICHTEN:

Die Brötchen halbieren und mit der Wasabi-Koriander-Mayo bestreichen.
Mit dem geräucherten Aal, den frittierten roten Zwiebeln,
Gurken und Tomaten garnieren
und noch einmal einen Klecks Mayonnaise daraufgeben.

SAFRANRISOTTO

aus dem Schnellkochtopf mit Kabeljaufilet

À LA FRANK BUCHHOLZ

Safranrisotto:
30 g Zwiebeln.................1 EL Olivenöl.................80 g Butter
240 g Risottoreis
etwas Weißwein.................650 ml Gef lügelfond
1 g Safranfäden (aus dem Iran).................80 g geriebener Parmesan

Kabeljau:
4 Kabeljaufilets á 160 g, küchenfertig
Olivenöl.................1 Thymianzweig.................2 Rosmarinzweige
1 Knoblauchzehe.................2 EL Butter
Salz und Pfeffer

ZUBEREITUNG:

Safranrisotto:
Die Zwiebeln schälen, fein schneiden und mit dem Olivenöl und 10 g Butter im Schnellkochtopf farblos anschwitzen.
Den Reis untermischen und einige Minuten mitdünsten lassen, dann mit dem Weißwein ablöschen.

Sobald der Weißwein verdampft ist, Geflügelfond und Safran dazugeben
und den Schnellkochtopf verschließen.

Auf der niedrigsten Stufe 5 Minuten kochen lassen. Den Schnellkochtopf öffnen und den Reis probieren.
Falls er noch nicht die richtige Konsistenz hat, in traditioneller Risotto-Weise weiterkochen,
also immer wieder etwas Brühe angießen und rühren.
Sobald der richtige Garzustand erreicht ist, den Schnellkochtopf vom Herd nehmen,
Risottoreis evtl. nachsalzen und mit der restlichen Butter
und dem Parmesan vermischen.

Kabeljau:
Kabeljaufilets mit Salz und Pfeffer würzen.
Das Olivenöl erhitzen und die Filets darin auf der Hautseite 3-4 Minuten anbraten.
Thymian, Rosmarin und Knoblauch zugeben und die Filets wenden. Butter ebenfalls zugeben und den Fisch
bei geringer Hitze 2-3 Minuten gar ziehen lassen, dabei die geschmolzene,
aromatisierten Butter immer wieder über den Fisch gießen.

ANRICHTEN:

Das Risotto in tiefe Teller verteilen, je ein Kabeljaufilet darauflegen
und mit frischem Schnittlauch servieren.

DER
TITARIK-
BURGER

TITARIK-BURGER
À LA TARIK ROSE

1 großer grüner Aal (oder 2 mittelgroße)
2–3 Strauchtomaten
1 EL Olivenöl.................50 g Butter
½ Bund Dill.................Saft von ½ Zitrone
Salz und Pfeffer

Kopfsalatherzen-Salat:
2 Kopfsalatherzen
1 Gurke.................Saft von 2 Zitronen
150 g Joghurt
2 EL Zucker.................etwas Salz

4 Burger-Brötchen

ZUBEREITUNG:

Zuerst den Aal mit Gräten in ca. 4 cm lange Stücke schneiden und mit Salz würzen.
Tomaten in grobe Würfel schneiden, den Strunk entfernen. Olivenöl erhitzen, den Aal darin anbraten und pfeffern.
Danach die Butter hinzugeben und den Aal ca. 7 Minuten in der Butter schmoren lassen.
Tomatenwürfel zusammen mit der Hälfte des Dills zum schmorenden Aal in die Pfanne geben.
Nochmals mit Salz und Pfeffer würzen und zum Schluss etwas Zitronensaft dazugeben.
Nach dem Braten den Aal von der Gräte ziehen.

Kopfsalatherzen-Salat:
Kopfsalatherzen putzen, waschen und die einzelnen Blätter vom Strunk lösen.
Die Gurke schälen und in Scheiben schneiden.
Den Zitronensaft mit dem Joghurt, Zucker und Salz zu einem Dressing verrühren.
Kopfsalatherzen und Gurken in eine Schüssel geben
und mit dem Dressing übergießen. Kurz vermischen.

ANRICHTEN:

Die Brötchen halbieren,
ein Blatt vom Kopfsalatherz-Salat auf die untere Hälfte legen.
Den angebratenen Aal darauflegen, Tomatenwürfel darübergeben.
Mit etwas frischem Dill garnieren
und die obere Brötchenhälfte darauflegen.

WEIL'S WURSCHT IS!

BAYERISCHES SUSHI

UNTERWEGS AUFGEGABELT

250 g Reis................3 EL Reisessig.................1 EL Mirin oder trockener Frankenwein.................
2 TL Rohrzucker.................1 TL Salz

4 Nori-Blätter

Bayerisches Sushi lässt sich individuell mit bayerischen Zutaten füllen wie z. B.:
geräucherter Bachsaibling.................Leberkäse.................Weißwurst.................Rote Bete.................
Radieserl.................Gurke

ZUBEREITUNG:

Den Reis waschen, bis das Waschwasser klar ist. Reis mit 375 ml Wasser aufkochen und zugedeckt 15 Minuten auf niedrigster Stufe quellen lassen. Vom Herd nehmen und weitere 15 Minuten quellen lassen.

Den Reisessig mit dem Mirin, Rohrzucker und Salz in einem Topf bei mittlerer Hitze verrühren, bis sich alle Zutaten aufgelöst haben, dann abkühlen lassen. Die Flüssigkeit über dem Reis verteilen, die Schüssel mit einem feuchten Tuch bedecken und in den Kühlschrank stellen.

Wenn der Reis abgekühlt ist, lässt er sich weiter zu Sushi verarbeiten.
Die Sushi-Füllung in ca. 1 cm dicke, längliche Stifte schneiden. Frischhaltefolie auf eine Bambusmatte legen und darauf eine Nori-Blatthälfte legen. Die Hände mit Wasser anfeuchten. Etwas Reis ca. 1 cm hoch auf dem Nori-Blatt verstreichen, dabei am oberen Rand 1 cm frei lassen. Nicht zu fest andrücken, damit der Reis locker bleibt.

Quer über das untere Drittel des Blattes die Füllung legen, z.B. lange Steifen von Leberkäse oder Radieserlsticks. Mit Hilfe der Bambusmatte die Füllung mit dem Nori-Blatt vorsichtig aufrollen, dabei die Frischhaltefolie um die Rolle wickeln und mit der Matte festdrücken. So verfahren, bis Nori-Blätter und Reis aufgebraucht sind.

ANRICHTEN:

Mit einem in kaltes Wasser getauchten scharfen Messer die Sushi-Rollen in gleichmäßige Stücke schneiden und frisch servieren.

LAUWARMER BACHSAIBLING

mit marinierten Gurkennudeln und Tomatensalat

À LA FRANK BUCHHOLZ

FÜR

4

PERSONEN

Gurkennudeln: ½ junge Salatgurke, möglichst noch ohne große Kerne................
125 g saure Sahne.................Saft von ½ Zitrone................1 TL fein geschnittener Dill

Bachsaibling: 4 Scheiben Bachsaibling à ca. 60 g................Butter zum Einfetten und Bestreichen

Tomatensalat: 500 g Ochsenherztomaten................80 g Schalotten................Olivenöl................
20 g Zucker................50 ml weißer Balsamico-Essig................1 Minzezweig................
1 Basilikumzweig................Meerrettich, frisch gerieben................Dillspitzen zum Garnieren
Meersalz und Cayennepfeffer

ZUBEREITUNG:

Gurkennudeln:
Eine Schüssel mit Eiswürfeln als Kaltwasserbad zum Abschrecken bereitstellen.
Die Gurke schälen und mit der Aufschnittmaschine oder einem Messer der Länge nach in 2–3 mm dicke Scheiben und diese zu Nudeln schneiden, sodass sie in etwa so breit sind wie Tagliatelle. In sprudelnd kochendem, gesalzenem Wasser nur 30 Sekunden lang blanchieren, sofort in Eiswasser abschrecken und abtropfen lassen. Die saure Sahne mit Salz, Cayennepfeffer und Zitronensaft pikant abschmecken. Die Gurkennudeln und den fein geschnittenen Dill unter die saure Sahne mischen und den Gurkensalat gut durchziehen lassen.

Bachsaibling:
Den Ofen auf 80 °C vorheizen. Für den Bachsaibling die Filets sorgfältig entgräten und auf beiden Seiten leicht salzen. Einen ofenfesten Teller mit etwas Butter einfetten, die Saiblingsfilets nebeneinander darauflegen und mit etwas Butter bestreichen. Fest mit Klarsichtfolie verschließen und den Fisch auf der unteren Schiene des Ofens 10–12 Minuten garen. Aus dem Ofen nehmen und den Saibling einige Minuten nachziehen lassen.

Tomatensalat:
Den Strunk der Ochsenherztomaten entfernen, Tomaten in Ecken schneiden und leicht salzen. Schalotten schälen, fein würfeln und in etwas Olivenöl anschwitzen, mit Zucker und Essig würzen. Die Zwiebeln mit Sud über die Tomaten gießen, mit Salz und Pfeffer abschmecken. Minze und Basilikum in feine Streifen schneiden und unter den Tomatensalat mischen.

ANRICHTEN:

Die Gurkennudeln auf Tellern verteilen, den Saibling darauf platzieren und frischen Meerrettich darüberreiben. Den Tomatensalat auf das Saiblingsfilet geben und mit Dillspitzen garnieren.

BOUILLABAISSE

À LA TARIK ROSE

Fond: 300 g reife Tomaten.................1 Fenchelknolle.................1-2 mittelgroße Karotten.................
das Weiße von 1 Porreestange.................ca. 1 kg zerkleinerte Fischkarkassen mit etwas
Fischfleisch oder Beifang.................½ l Weißwein.................¼ l Pastis.................
100 ml Olivenöl.................2 EL Butter.................Stängel von ca. 1 Bund Petersilie.................
2-3 kleine Knoblauchzehen.................etwas Safran.................Thymian, Fenchelsaat und
Anissamen nach Belieben.................2 EL Meersalz und etwas schwarzer Pfeffer

Einlage: 300 g Gemüse (Fenchel, Karotten, rote Zwiebeln).................300-400 g frisches Seefischfilet
(Dorade, Skrei, Biolachs, je nach Saison und Marktlage).................8 Garnelen (keine Süßwasser-
garnelen).................etwas junger, nicht zu grober Spinat.................glatte Petersilie, grob geschnitten

Sauce Rouille: 2-3 Kartoffeln, gekocht.................½ rote Zwiebeln.................1 Eigelb.................
1 mittelscharfe Chilischote.................1 rote Paprika, geschmort.................¼ TL Safranfäden.................
Saft und Abrieb von 1 unbehandelten Zitrone.................evtl. etwas Zucker, nur wenn die Paprika
nicht genügend Süße hat.................100-150 ml Olivenöl.................Salz und frisch gemahlener
schwarzer Pfeffer

75 g Parmesan.................4 große getoastete Brotscheiben.................Zitronenscheiben

ZUBEREITUNG:

Fond:
Die Tomaten, den Fenchel, die Karotten und den Porree schälen und in walnussgroße Würfel schneiden. Die Fischkarkassen mit dem Gemüse, 2 l Wasser und den restlichen Zutaten für den Fond in einen großen Topf geben und bei kleiner Flamme aufkochen. Den Fond eine Stunde ziehen lassen. Um den gesamten Geschmack aus dem Fond zu bekom-
men, empfehle ich, den Fond vor dem Passieren mit einem Pürierstab zu mixen oder klassisch durch die „Flotte Lotte"
zu geben. Den Fond nochmals aufkochen und mit Meersalz, Pfeffer und Safran erneut abschmecken.

Einlage:
Fenchel, Karotte und rote Zwiebeln schälen und in kleine Würfel schneiden. Den Fond in einen flachen Topf geben, das
Gemüse hinzufügen und alles zusammen aufkochen. Die Hälfte der Fischfilets behutsam in den Fond legen und lang-
sam garen, das dauert je nach Größe ca. 5 Minuten. In einer separaten Pfanne den restlichen Fisch, nach Belieben mit
Haut, braten.

Sauce Rouille:
Die Pellkartoffeln und die Zwiebel schälen und in grobe Stücke schneiden. Bis auf das Olivenöl alle Zutaten in den Mixer
geben und zu einer glatten Sauce verrühren. Zum Schluss langsam das Olivenöl dazugeben und noch einmal kräftig
mixen. Den Fisch aus dem Sud nehmen und beiseitelegen. Ein kleines Stück Butter in den Sud geben und nochmals
aufkochen.

ANRICHTEN:

Den heißen Sud in einen tiefen Teller geben und die gekochten und die gebratenen Fische darauf anrichten.
Die Baguettescheiben mit der Sauce Rouille bestreichen und mit Parmesan bestreuen. Frische Petersilie dazugeben –
fertig.

GRATINIERTE AUSTERN
mit Salsiccia, Champignons und Zitrone

À LA FRANK BUCHHOLZ

Austern: 24 Austern, Sylter Royal.................150 g rohe Salsiccia.................
2 Schalotten, fein gewürfelt.................50 g Champignons, fein gewürfelt.................
abgeriebene Schale von 1 unbehandelten Zitrone.................2 EL glatte Petersilie, in Streifen geschnitten

Sabayon von geröstetem Knoblauch: 3 Knoblauchzehen, geschält und sehr fein gewürfelt.................
etwas Olivenöl.................2 Eigelb.................70 ml Weißwein.................1 EL Crème fraîche

Meersalz.................Cayennepfeffer

ZUBEREITUNG:

Austern:
Die Austern öffnen und das Wasser abgießen. Die Salsiccia zuerst in Ringe schneiden, diese dann würfeln und in einer heißen Pfanne anbraten, Schalotten und Champignons zugeben und mitgaren. Den Zitronenabrieb hinzugeben, mit Salz und Cayennepfeffer würzen und zum Schluss die Petersilie darüberstreuen. Die Masse auf den Austern verteilen.

Sabayon:
Den Knoblauch in etwas Olivenöl goldbraun braten. Eigelb, Weißwein und Knoblauch verrühren und über einem Warmwasserbad schaumig aufschlagen. Zum Schluss Crème fraîche unterheben und mit Salz und Cayennepfeffer abschmecken.

ANRICHTEN:

Sabayon auf die Austern geben und mit einem Bunsenbrenner goldbraun gratinieren.

BUTT
BEI
DIE
FISCHE

BUTT MIT MANGOLD UND GNOCCHI
À LA TARIK ROSE

Gnocchi: 500 g mehligkochende Kartoffeln.................125 g Mehl.................75 g Grieß.................
2 Eigelb.................30 g braune Butter.................50 g geriebener Parmesan.................Salz und Pfeffer

Butt: 3–4 Butte (evtl. schon filetiert).................Olivenöl.................evtl. 1 EL Butter.................
Salz und Pfeffer

Mangoldgemüse: 2 Bund bunter Mangold.................2–3 Schalotten.................Olivenöl
Knoblauch.................12 Kirschtomaten.................2–3 EL Sanddornsaft.................2 EL Honig
50 g Butter.................Basilikum zum Garnieren.................Salz und Pfeffer

---

ZUBEREITUNG:

Gnocchi:
Die Kartoffeln kochen, pellen und noch warm durch die Presse geben.

 ES IST EINFACHER, DIE KARTOFFELN EINEN TAG VORHER ZU PRESSEN. DANN LÄSST SICH DIE MASSE BESSER VERARBEITEN.

Aus den Kartoffeln und den restlichen Zutaten einen gleichmäßigen Teig herstellen. Die Masse nicht zu fest kneten, da der Teig sonst zu klebrig wird. Den Teig vierteln und zu langen Würsten von ca. 2 cm Durchmesser ausrollen. Mit einer Teigkarte oder einem Messer ca. 2–3 cm breite Gnocchi abstechen. Wasser zum Kochen bringen. Die Gnocchi in leicht sprudelndem und gut gesalzenem Wasser so lange garen, bis sie an der Oberfläche schwimmen.

Butt:
Den Butt filetieren oder fertige Filets kaufen. Den Fisch ca. 5 Minuten vor dem Braten mit Salz und etwas Pfeffer würzen und mit Olivenöl marinieren. Dann in einer heißen Pfanne ca. 5 Minuten auf der Hautseite anbraten. Kurz vor dem Anrichten einmal umdrehen.

Mangoldgemüse:
Für das Mangoldgemüse zunächst die Stiele vom Mangold schräg in ca. 2 cm lange Stücke schneiden. Die Mangoldblätter ebenfalls schneiden und separat aufbewahren. Die Schalotten schälen und fein würfeln. In einer Pfanne etwas Olivenöl erhitzen, Schalotten hineingeben und zusammen mit dem Knoblauch anschwitzen. Die Mangoldstiele dazugeben und garen. Dann die separat aufbewahrten Mangoldblätter zusammen mit den halbierten Kirschtomaten und den Gnocchi in die Pfanne geben. Zum Schluss alles mit Sanddornsaft, Honig, Salz, Pfeffer und etwas Butter abschmecken.

ANRICHTEN:

Das Mangoldgemüse mit Gnocchi auf einen tiefen Teller geben. Die Butt-Filets darauf anrichten und mit Basilikum garnieren.

BAYERISCHE STECKERL-FORELLE
mit Tarik Roses Avocadosalat
UNTERWEGS AUFGEGABELT

4 Forellen................Paprika-Rauchsalzgewürz

Avocadosalat: 3 Avocados................200 g Kirschtomaten................2–3 rote oder weiße Zwiebeln
½ Bund glatte Petersilie................½ Bund Basilikum................½ Bund Schnittlauch
Saft von 2–3 Limetten................1–2 TL Avocadoöl................2 EL Olivenöl................1 EL Honig
Chili................Meersalz

ZUBEREITUNG:

Fisch würzen, aufspießen und grillen, bis er knusprig ist – fertig!

Avocadosalat:
Die Avocados schälen, vierteln, in grobe Dreiecke schneiden
und in eine Schüssel geben.
Kirschtomaten halbieren, die Zwiebeln schälen
und fein würfeln und zu den Avocados geben.
Die Kräuter grob zerzupfen und auch zu den
Avocados geben.
Alles zusammen vorsichtig vermengen.

Aus Limettensaft, Avocadoöl, Olivenöl, Honig,
Chili und Meersalz eine Vinaigrette herstellen
und über den Avocadosalat geben.

ANRICHTEN:

Fisch vom Spieß vorsichtig auf einen Teller streifen und mit dem Salat servieren.

 IN BAYERN ZERZUPFT MAN DEN FISCH MIT EINER POMMESGABEL
ODER ISST IHN EINFACH MIT DEN FINGERN.

ZIEH DICH

WARM AN

CEVICHE VON DER EISFORELLE
À LA CHAKALL

---

2 frische Forellen (alternativ 4 Forellenfilets oder anderer weißfleischiger Fisch, z. B. Kabeljau oder Schellfisch)................1 große rote Zwiebel................1 Bund frischer Koriander)................
Saft von 1 Orange................Saft von 2 Limetten)................
½ frische Chilischote nach Belieben ➡ CEVICHE SCHMECKT AM BESTEN SCHARF!
1 Selleriestange................grobes Meersalz

Beilage: 2 Maracujas................Baguette

ZUBEREITUNG:

Forellen:
Beide Forellen filetieren und die Filets in 2 cm große Würfel schneiden. Die rote Zwiebel schälen, halbieren und in dünne Scheiben schneiden. Vom Koriander ungefähr eine Handvoll klein hacken. Die Hälfte der gehackten Zwiebeln mit dem Fisch und dem Koriander in eine Schüssel geben und mit dem Saft einer Orange und dem Saft einer Limette vermischen. Wer es lieber scharf mag, fügt noch eine halbe, klein geschnittene Chilischote ohne Samen hinzu.

Marinade:
Für die Marinade, die „Leche de tigre" (Tigermilch), die Selleriestange in 3 cm große Stücke schneiden und zusammen mit der zweiten Hälfte der klein geschnittenen roten Zwiebel, Salz, dem Saft von einer Limette und dem Koriander pürieren. Die pürierte Marinade zum Fisch geben und ca. 10 Minuten im Kühlschrank kalt stellen.

ANRICHTEN:

Das Ceviche mit Salz und Koriander abschmecken und mit Maracujas und frisch aufgeschnittenem Baguette servieren.

NIMM

MICH MIT

TOMATENBROTKOMPOTT MIT GARNELEN
À LA TARIK ROSE

Brot- und Tomatenwürfel: 3 EL Öl................1 Mischbrot, gewürfelt................3 Tomaten, ohne Strunk, gewürfelt................1 Knoblauchzehe, grob gewürfelt................Salz

Tomatensugo: 1 rote Zwiebel................Knoblauch................250 g Tomaten-Passata................ Salz und Pfeffer................1 Prise Zucker................1 EL Oliven................1 EL Kapern Basilikum

Garnelen: 6 Garnelen mit Schale................Salz................Knoblauch................3 EL Öl................Pfeffer

Rucola mit Balsamico-Dressing: 1 EL Balsamico-Essig................1 EL Olivenöl................Salz und Pfeffer................Rucola

Parmesan am Stück................1 Ringform, z. B. Konservendose ohne Boden

ZUBEREITUNG:

Brot- und Tomatenwürfel:
3 EL Öl in einer Pfanne erhitzen. Brot- und Tomatenwürfel in Pfanne geben und gut durchschwenken, mit Salz und Knoblauch abschmecken.

Tomatensugo:
Die rote Zwiebel in Streifen schneiden. Zwiebeln mit etwas Knoblauch in einer Pfanne anbraten, mit den passierten Tomaten ablöschen und mit Salz und Pfeffer verfeinern. Eine Prise Zucker, Oliven und Kapern hinzufügen und erneut gut schwenken. Die angebratenen Brot- und Tomatenwürfel hinzufügen und mit Basilikumblättern würzen.

Balsamico-Dressing:
Für das Balsamico-Dressing den Balsamico-Essig und Olivenöl mit etwas Salz und Pfeffer in einer Schale verrühren. Kurz vor dem Servieren mit dem Rucola vermischen.

Garnelen:
Die Garnelen halb einschneiden und von innen mit Salz würzen. In einer Schüssel mit Olivenöl gründlich einölen. Knoblauchzehen längs halbieren, über die Garnelen reiben und die Garnelen so aromatisieren. Garnelen in einer Pfanne mit dem Öl kurz und scharf anbraten, erst zum Schluss pfeffern und noch einmal schwenken.

ANRICHTEN:

In einem tiefen Teller mittig eine Ringform platzieren. Tomatensugo in die Ringform geben und den Ring vorsichtig entfernen. Die Garnelen rund um den Tomatensugo-Turm anrichten. Als Topping Rucolasalat auf das Tomatensugo geben und Parmesan darüberhobeln.

➤ FÜR UNTERWEGS DAS TOMATENSUGO EINFACH IN EIN WECK-GLAS FÜLLEN.

MUSCHELN MIT GEMÜSE IM SAFRANSUD

mit Käse-Crostini und Knoblauchdip

À LA TARIK ROSE

Muscheln mit Gemüse:
ca. 3–4 kg Muscheln................4 Karotten................4 rote Zwiebeln
1 Fenchelknolle................1 Sellerieknolle................Olivenöl
3–4 frische Knoblauchzehen................500 ml trockener Weißwein zum Ablöschen
Paprikapulver................Piment................Safranfäden................Zitronensaft zum Abschmecken

Knoblauchdip:
fermentierter Pfeffer
➤ **FERMENTIERTER PFEFFER HAT WENIGER SCHÄRFE ALS NORMALER PFEFFER**
geräuchertes, scharfes Paprikapulver................Saft von 2 Zitronen................3 Knoblauchzehen
1 Eigelb................150 g Kartoffeln, gekocht und gepellt................1 TL Senf................Olivenöl

Käse-Crostini:
1 Ciabatta-Brot, frisch vom Bäcker................Knoblauch
3–4 EL Olivenöl................200 g Parmesan am Stück

glatte Petersilie, gehackt................½ Bund Frühlingszwiebeln, in Ringe geschnitten
Chili................Meersalz

ZUBEREITUNG:

Muscheln mit Gemüse:
Fangfrische und geputzte Muscheln in einem Behältnis schütteln.
Wenn sich dabei eine Muschel öffnet, unbedingt aussortieren, denn dann ist sie nicht mehr gut!

Die Karotten und Zwiebeln schälen. Den Fenchel putzen und vierteln und den Strunk herausschneiden. Den Staudensellerie putzen und die erste Filmschicht abziehen, wie beim Rhabarber. Dann das Gemüse in grobe Würfel schneiden.
Den Knoblauch schälen und in Scheiben schneiden.

Etwas Olivenöl in einen heißen Topf geben, erhitzen und anschließend das Gemüse darin anschwitzen, damit sich die Aromen richtig entfalten können. Zum Schluss den Knoblauch sowie die fangfrischen Miesmuscheln dazugeben.
Alles zusammen ein paar Minuten anschwitzen, kurz ziehen lassen und mit Weißwein ablöschen.
Etwas Paprikapulver, Piment und Safranfäden zu den Muscheln geben und abschmecken.
Wenn die Muscheln beim Kochen aufgehen, ist es ein Zeichen dafür, dass sie gar sind. Muscheln, die geschlossen bleiben, bitte aussortieren.

Knoblauchdip:
Fermentierten Pfeffer, scharfes Paprikapulver, Zitronensaft, Knoblauch,
Eigelb, Kartoffeln und etwas Olivenöl mit einem Stabmixer zu einem sämigen Dip vermengen.

Käse-Crostini:
Das frische Ciabatta in Scheiben schneiden, in einer Pfanne anrösten.
Anschließend mit frischem Knoblauch einreiben und etwas Olivenöl auf die Brotscheiben geben.
Kurz vor dem Servieren den Knoblauchdip auf das geröstete Ciabatta streichen.

ANRICHTEN:

Die Muscheln mit etwas Gemüsesud in einen tiefen Teller geben, mit glatter Petersilie, Frühlingszwiebeln, etwas Chili und grob gehobeltem Parmesan verfeinern und mit Zitronensaft abschmecken. Dazu die Käse-Crostini reichen, die ebenfalls mit Parmesanstreifen und etwas glatter Petersilie verziert werden.

VEGE-
TARISCH

SALAT VON ZIEGENKÄSE,

Granatapfel und Cashewkernen

À LA FRANK BUCHHOLZ

---

1 Granatapfel................100 g Cashewkerne................1 TL Kreuzkümmel

Feldsalat mit Balsamico-Vinaigrette:
150 ml mildes Olivenöl................100 ml Rapsöl................65 ml heller Balsamico-Essig
35 g mittelscharfer Senf................50 g Zucker................ Meersalz................Pfeffer aus der Mühle
2 Handvoll Feldsalat, gewaschen

100 g Ziegenkäse................1 EL Akazienhonig

ZUBEREITUNG:

Granatapfel halbieren, mit einem kleinen Löffel auf die Außenseite klopfen
und so die Kerne vorsichtig herauslösen. Die Cashewkerne mit dem Kreuzkümmel
in einer Pfanne ohne Fett goldgelb rösten und
auf einem Blech abkühlen lassen.

Für die Balsamico-Vinaigrette alle Zutaten bis auf das Olivenöl mit 30 ml Wasser in einen Mixer geben,
mit Salz, Pfeffer und Zucker abschmecken. Während der Mixer läuft,
das Olivenöl nach und nach einfließen lassen, bis eine Emulsion entsteht.

Den Feldsalat in eine etwas größere Schüssel geben,
eine halbe Handvoll Granatapfelkerne
und die gerösteten Cashewkerne dazugeben.
Alles mit 3–4 EL Balsamico-Vinaigrette marinieren
und vorsichtig vermengen.

ANRICHTEN:

Den Salat auf Teller geben, Ziegenkäse
grob darüberbröseln und einen Löffel Akazienhonig
über den Salat laufen lassen.

FORGET
SPAGHETTI

SCHAFSKÄSERAVIOLI

mit Oliven-Tomaten-Vinaigrette

À LA FRANK BUCHHOLZ

Nudelteig: 250 g Nudelgrieß.................300 g Mehl, Type 405.................225 g Eigelb.................
80 g Eiweiß.................1 TL Salz.................1 EL Olivenöl.................1 EL weiche Butter.................

Füllung: 150 g Schafskäse.................4 Basilikumblätter, in feine Streifen geschnitten.................
Salz und Pfeffer

Vinaigrette: 2 Tomaten.................10 schwarze Oliven.................10 grüne Oliven.................
1 Msp. Senf.................2 EL alter Balsamico-Essig.................2 EL junger Balsamico-Essig.................
2 EL Gemüsebrühe.................50 ml reduzierter Madeira.................8 EL (125 ml) mildes
Olivenöl.................6 Basilikumblätter

1 Ei zum Bestreichen.................Mehl zum Bestreuen.................Meersalz weißer Pfeffer.................
Parmesan.................Oregano

ZUBEREITUNG:

Nudelteig:
Alle Zutaten für den Teig in einer Küchenmaschine mit einem Knethaken auf niedriger Stufe 10 Minuten kneten. Den Teig auf eine Arbeitsfläche geben und mit der Hand noch einmal ca. 5–10 Minuten nachkneten. In Klarsichtfolie einschlagen und mindestens 1 Stunde kalt stellen.

Füllung:
Den Schafskäse in einer Schüssel mit einer Gabel zerkleinern, Basilikum untermischen und alles mit Salz und Pfeffer gut abschmecken.

Vinaigrette:
Die Tomaten kurz in heißes Wasser einlegen, abschrecken und enthäuten. Tomaten halbieren, die Stielansätze entfernen, die Früchte entkernen und klein würfeln. Die Oliven entsteinen und in Ringe schneiden. In einer Schüssel Senf, beide Essigsorten, Brühe und Madeira mit Salz und Pfeffer glatt rühren. Zuletzt das Olivenöl nach und nach einrühren, bis eine Emulsion entsteht. Die Tomaten und die Oliven untermengen. Kurz vor dem Anrichten die Basilikumblätter in Streifen schneiden und unter die Vinaigrette geben.

Ravioli:
Den Ravioliteig halbieren und zu 1 mm dünnen Nudelplatten ausrollen. Eine Teigplatte auf die Arbeitsfläche legen und darauf die Schafskäsemischung in kleine Häufchen setzen. Die Zwischenräume zwischen den Häufchen mit verquirltem Ei bestreichen. Die zweite Teigplatte auflegen, an den Rändern sowie in den Zwischenräumen gut andrücken. Mit einem Ravioliausstecher die Ravioli ausstechen. Mit Mehl bestäuben und die Ravioli auf ein Tuch legen. Dann die Ravioli in 2 l kochendem Salzwasser etwa 2 Minuten garen und abgießen.

ANRICHTEN:

Ravioli auf Tellern anrichten, mit der Oliven-Tomaten-Vinaigrette überziehen und mit Parmesan und Oregano garnieren.

GEBACKENER BÜFFELFETA
im Knusperteig

À LA TARIK ROSE

1–2 Packungen Filoteig
500 g Büffelfeta
2 Eier, verquirlt
½ Wassermelone
4 Avocados
Saft von ½ Zitrone
2–3 EL Olivenöl
brauner Zucker
Basilikum
Salz und grob gemörserter Pfeffer

ZUBEREITUNG:

Gebackener Büffelfeta:
Den Ofen auf 180 °C vorheizen. Zuerst den Teig mit Olivenöl einpinseln
und zwei Lagen übereinander schichten.
Je einen Büffelfeta auf den Filoteig legen.
Danach den Teig zu einem Päckchen zusammenklappen und mit dem Ei verkleben.

Das Olivenöl in einer Pfanne erhitzen. Den Büffelfeta im Filoteig in der Pfanne von allen Seiten anbraten.
Anschließend für 5 Minuten in den Ofen schieben.

➡️ **DEN FETA NUR KURZ IN DEN OFEN GEBEN,
DAMIT DER KERN SCHÖN WARM IST UND DIE AUSSENSCHICHT NICHT ZU DUNKEL WIRD.**

Avocado-Melonen-Salat:
Die Wassermelone in kleine Spalten schneiden.
Die Avocados aus der Schale lösen und ebenfalls klein schneiden.
Wichtig: Die geschnittene Avocado sollte man nicht zu lange offen stehen lassen,
da sie sonst braune Stellen entwickelt.

Melone und Avocado in eine Schüssel geben und mit grob gemörsertem Pfeffer würzen.
Etwas Zitronensaft dazugeben, denn die Säure verhindert die bräunliche Verfärbung der Avocado.
Olivenöl über den Salat träufeln, mit Salz und braunem Zucker abschmecken und den Basilikum dazugeben.

ANRICHTEN:

Den gebackenen Feta in 4 Portionen zerschneiden
und mit dem Avocado-Melonen-Salat servieren.

DRINKS &
DESSERTS

FITNESSDRINK
À LA TARIK ROSE

Drink:
500 g Joghurt
200 ml Milch
2 EL Acai-Beeren
6 EL Apfelsüße

Topping:
200 g gefrorene Himbeeren oder Erdbeeren

ZUBEREITUNG:

Joghurt, Milch, Acai-Beeren
und Apfelsüße zusammen pürieren.

ANRICHTEN:

Den Drink in Gläser füllen und
mit den gefrorenen Beeren bestreuen.

SCHÖNHEIT KOMMT VON INNEN

SCHWARZWÄLDER WELLNESS-DRINK
À LA TARIK ROSE

Crushed Ice.................Ingwer.................2 unbehandelte Limetten
Saft von je 2–3 Zitronen und Limetten.................Pfefferminze

ZUBEREITUNG:

Zuerst etwas Crushed Ice auf dem Boden des Glases verteilen.
Ingwer schälen und würfeln, Pfefferminze klein hacken.
Limetten ebenfalls in Würfel schneiden.
Zitronen- und Limettensaft vermischen.

ANRICHTEN:

Den Drink nach Belieben abwechselnd mit Zitronen-Limetten-Saft,
klein gewürfelten Limetten, Ingwerstücken und Pfefferminze schichten.
Als Topping ein paar Eiswürfel und Pfefferminzblätter verwenden
und den Wellness-Drink servieren!

Schmeckt am besten an einem warmen Sommertag!

ERDBEERBECHER
À LA TARIK ROSE

Erdbeereis:
1 kg gefrorene Erdbeeren.................250 g griechischer Joghurt
150 g brauner Zucker.................1 Vanilleschote

Vanillesahne:
200 ml Sahne.................3–4 EL brauner Zucker.................Mark von 1 Vanilleschote

Erdbeersalat:
250 g Erdbeeren.................Basilikum
1 EL brauner Zucker

Cantuccini ....Erdbeeren

ZUBEREITUNG:

Express-Erdbeereis:
Die gefrorenen Erdbeeren mit dem griechischen Joghurt
und dem braunen Zucker in den Mixer geben.
Das Mark der Vanilleschote herauskratzen und dazugeben.
Alles im Mixer pürieren, in eine Frischhaltebox umfüllen und in den Tiefkühler stellen.

Vanillesahne:
Die Sahne mit dem braunen Zucker und dem Vanillemark aufschlagen.
Sie sollte cremig bleiben und nicht zu steif sein
(halbgeschlagene Sahne).

Erdbeersalat:
Die Erdbeeren waschen und vierteln.
Den Basilikum in feine Streifen schneiden.
Erdbeeren mit dem braunen Zucker und dem Basilikum marinieren.

ANRICHTEN:

In ein Glas zuerst einen Löffel Sahne geben,
darauf einen Löffel Erdbeersalat verteilen.
Abwechselnd mit Schichten aus Cantuccini und Vanillesahne auffüllen.
Zum Schluss eine Kugel vom Express-Erdbeereis daraufgeben und mit Erdbeeren garnieren.

FRANK BUCHHOLZ

REZEPTVERZEICHNIS

CHAKALL

REZEPTVERZEICHNIS

UNTERWEGS AUFGEGABELT

REZEPTVERZEICHNIS

REGISTER

REGISTER

REGISTER

IMPRESSUM

Umschau

© 2014 NEUER UMSCHAU BUCHVERLAG,
NEUSTADT AN DER WEINSTRASSE

ALLE RECHTE AN DER VERBREITUNG, AUCH DURCH FILM, FUNK, FERNSEHEN,
FOTOMECHANISCHE WIEDERGABE, TONTRÄGER ALLER ART,
AUSZUGSWEISER NACHDRUCK ODER EINSPEICHERUNG UND RÜCKGEWINNUNG
IN DATENVERARBEITUNGSANLAGEN ALLER ART,
SIND VORBEHALTEN. DIE INHALTE DIESES BUCHES SIND VON AUTOREN UND
VERLAG SORGFÄLTIG ERWOGEN UND GEPRÜFT,
DENNOCH KANN EINE GARANTIE NICHT ÜBERNOMMEN WERDEN.
EINE HAFTUNG VON AUTOREN UND VERLAG FÜR PERSONEN-,
SACH-, UND VERMÖGENSSCHÄDEN IST AUSGESCHLOSSEN.

zdf_neo
LOGO LIZENZIERT DURCH ZDF ENTERPRISES GMBH
© ZDFNEO 2014
— ALLE RECHTE VORBEHALTEN —

REZEPTE
FRANK BUCHHOLZ, CHAKALL, TARIK ROSE

REDAKTION
➤ VANESSA HERGET
➤ LAURA REIL
NEUER UMSCHAU BUCHVERLAG GMBH
NEUSTADT AN DER WEINSTRASSE

FOTOGRAFIE
➤ ANJELA SCHWEITZ,
ENDEMOL DEUTSCHLAND GMBH, KÖLN
➤ SASCHA BAUMANN,
ZDF GMBH, MAINZ
MIT AUSNAHME VON
SEITEN 66, 132, 136, 164:
➤ TARIK ROSE, HAMBURG
UNTERGRÜNDE, INNENTEIL UND UMSCHLAG:
➤ MARCEL KLEIN, KERPEN

ART DIREKTION SOWIE GESTALTUNG UND SATZ
➤ TINA DEFAUX, NEUER UMSCHAU BUCHVERLAG GMBH
NEUSTADT AN DER WEINSTRASSE

REZEPTLEKTORAT
➤ SUSANNE KRANZ, HAMBURG

REPRODUKTION
➤ JULIA KIRCH, NEUER UMSCHAU BUCHVERLAG GMBH
NEUSTADT AN DER WEINSTRASSE

DRUCK UND VERARBEITUNG
➤ FINIDR, S.R.O., CESKY TESIN

PRINTED IN CZECH REPUBLIC
ISBN 978-3-86528-795-3

DIE BEEF BUDDIES

NEUER UMSCHAU BUCHVERLAG